BDA Hamburg Architektur Preis 2010

Der Bund Deutscher Architekten und Architektinnen BDA der Freien und Hansestadt Hamburg e.V. hat sich bei vielen Personen und Institutionen, die am Zustandekommen des Kataloges und der Ausstellung „BDA Hamburg Architektur Preis 2010 – Die Baujahre 2008 – 2010" beteiligt waren, zu bedanken. Besonderer Dank gilt den Architektinnen und Architekten sowie deren Bauherren, die sich um den Preis beworben haben, der Vorprüferin und dem Vorprüfer sowie der Jury. Namentlich möchte der BDA an dieser Stelle ganz besonders den folgenden Personen und Institutionen für ihre Unterstützung seinen Dank aussprechen:

Aug. Prien Bauunternehmung und Immobilien Gesellschaft für Projektentwicklung, Hamburg

Cogiton GmbH, Hamburg

d.quai GmbH, Hamburg

Petersen Tegl, Broager, Dänemark

BDA Hamburg Architektur Preis 2010

Die Baujahre 2008 – 2010

Herausgegeben von Hildegard Kösters und Volker Roscher
im Auftrag des Bundes Deutscher Architekten und Architektinnen
BDA der Freien und Hansestadt Hamburg e.V.

Dokumentation des BDA Hamburg Architektur Preises 2010

Katalog zur gleichnamigen Ausstellung
des Bundes Deutscher Architekten und Architektinnen
BDA der Freien und Hansestadt Hamburg e.V.
Ausstellungsort: STADTMODELL HAMBURG
Wexstraße 7, 20355 Hamburg
vom 1. bis 27. Februar 2011

Dölling und Galitz Verlag

Bibliografische Information Der Deutschen Bibliothek

Die Deutsche Bibliothek verzeichnet diese Publikation in der Deutschen Nationalbibliografie; detaillierte bibliografische Daten sind im Internet unter http://dnb.d-nb.de abrufbar.

Impressum

BDA Hamburg Architektur Preis 2010
Die Baujahre 2008 – 2010
herausgegeben von Hildegard Kösters und
Volker Roscher im Auftrag des
Bundes Deutscher Architekten und Architektinnen
BDA der Freien und Hansestadt Hamburg e.V.

Dokumentation des BDA Hamburg Architektur Preises 2010 und Katalog zur gleichnamigen Ausstellung des Bundes Deutscher Architekten und Architektinnen BDA der Freien und Hansestadt Hamburg e.V.
Ausstellungsort: STADTMODELL HAMBURG
Wexstraße 7, 20355 Hamburg
vom 1. bis 27. Februar 2011

Vorprüfung: Ralf Kürbitz, Inga Schminck
Jury: Prof. Dörte Gatermann, Prof. Susanne Gross, Prof. Matthias Sauerbruch, Dr. Gisela Schütte, Prof. Jörn Walter

Bund Deutscher Architekten und Architektinnen
BDA der Freien und Hansestadt Hamburg e.V.
im Architektur Centrum im hamburgmuseum,
Holstenwall 24, 20355 Hamburg
Tel. 040 / 41 333 10, Fax: 040 / 41 333 123
E-mail: info@bda-hamburg.de
www.bda-hamburg.de
www.bda-architekturpreis.de

Gestaltung: Wilfried Gandras, Hamburg
Satz: Sabine Niemann, Hamburg
Druck: Druckerei Rasch, Bramsche
Produktion und © 2010 Dölling und Galitz Verlag GmbH
Hamburg · München
E-Mail: dugverlag@mac.com
www.dugverlag.de
Friedensallee 26, 22765 Hamburg, Tel. 040 / 389 35 15
Schwanthalerstr. 79, 80336 München, Tel. 089 / 23 23 09 66
ISBN 978-3-86218-005-9
1. Auflage 2010

Inhalt

Grußworte
6 Christoph Ahlhaus, Erster Bürgermeister der Freien und Hansestadt Hamburg
7 Karin Loosen, 1. Vorsitzende BDA Hamburg

8 Bericht über die Jurysitzung

9 Die Jury

10 Editorial
    Hildegard Kösters und Volker Roscher

12 Hamburger lieben klare Linien
    Gisela Schütte

Dokumentationsteil
14 1. Preisrang: BDA Hamburg Architektur Preise 2010
34 2. Preisrang
58 3. Preisrang
78 Würdigungen

107 Adressverzeichnis

111 Über die AutorInnen

Grußwort

„In der Architektur muss sich ausdrücken, was eine Stadt zu sagen hat." Ginge es nach diesen Worten des ehemaligen Frankfurter Oberbürgermeisters und späteren hessischen Ministerpräsidenten Walter Wallmann, so müsste Hamburgs Stadtbild ganze Bibliotheken füllen.

Vor allem Architekturgrößen wie Fritz Schumacher und – der außerhalb von Fachkreisen leider nahezu in Vergessenheit geratene – Gustav Oelsner haben das Gesicht Hamburgs und Altonas zu Beginn des 20. Jahrhunderts nachhaltig geprägt. Heute genießen Hamburger Architekten einen herausragenden Ruf in der ganzen Welt. Und schon ein kurzer Blick auf die diesjährigen Preisträger und prominente Projekte wie HafenCity, Elbphilharmonie und Internationale Bauausstellung IBA 2012 zeigt, dass Hamburg in Sachen zeitgenössischer Architektur internationale Maßstäbe setzt. Das IBA-Leitthema „Stadt im Klimawandel" verdeutlicht dabei in besonderem Maße die Herausforderungen, vor denen Stadtentwicklung, Städtebau und Architektur heute stehen: Sie können nicht mehr nur unter planerischen, funktionalen und ästhetischen Gesichtspunkten betrachtet werden. Stattdessen ist der klimatische Einfluss auf die unmittelbare Umgebung und die Stadt insgesamt ebenso zu berücksichtigen wie potenzielle Veränderungen des Stadtklimas durch globale Klimaänderungen. Und auch hier zeigt Hamburg international Flagge: Mit dem Bau des „Hamburg House", des ersten zertifizierten Passivhauses in China, haben wir uns an der Expo 2010 („Better City, Better Life") in unserer Partnerstadt Shanghai beteiligt. Hauptcharakteristikum des Gebäudes ist dessen Konzeption als Haus der Zukunft mit dem weltweit höchsten energetischen Standard. Hamburg unterstreicht damit seine umwelttechnische und architektonische Kompetenz auf diesem Gebiet. Das Projekt stößt in China auf großes Interesse, seit dem Start der Expo am 1. Mai 2010 haben bereits 300.000 Gäste das „Hamburg House" besucht.

Gemessen an seiner elementaren Bedeutung ist das Thema zeitgenössische Architektur aber immer noch viel zu selten Gegenstand einer breiten öffentlichen Diskussion. Es freut mich daher besonders, dass der BDA Hamburg Architektur Preis in diesem Jahr bereits zum dritten Mal an die Auslobung des Publikums Architektur Preises gekoppelt ist, bei dem die Leser der Tageszeitung „Die WELT" ihre Favoriten aus den von der Jury ausgewählten Bauten des 1. und 2. Ranges gewählt haben.

Ich wünsche Ihnen viel Vergnügen bei der Lektüre der folgenden Seiten und würde mich freuen, wenn Sie diesen Katalog zum Anlass nähmen, unsere Stadt künftig auf eigene Faust mit architektonischem Blick zu erkunden.

Christoph Ahlhaus
Erster Bürgermeister der
Freien und Hansestadt Hamburg

Grußwort

Architektur ist das Thema, die Architektur Hamburgs insbesondere, wenn der Bund Deutscher Architekten und Architektinnen BDA Hamburg seinen Architektur Preis auslobt. Die Architektur ist immer ein Vorausgriff auf die Zukunft, und sie ist nicht einfach Bauen, sondern – wenn sie Bestand haben soll – jenes Mittel, das den Kontext der Stadt, der Menschen und ihrer Lebensweise aufzugreifen weiß. Dazu hat die innere Ausgestaltung den funktionalen, sozialen, ästhetisch-zeichenhaften Anforderungen zu entsprechen und dabei auch neue Wege zu finden und zu gehen.

Die differenzierte äußere Einordnung in den städtischen Raum und den gesellschaftlichen Bedeutungskontext ist dazu elementar. Die ständige Veränderung der Lebensweise der Menschen in der Stadt erfordert, Ansatz, Wirkung und Qualität der Architektur in ihrer Angemessenheit immer wieder zu überprüfen.

Das tut der BDA Architektur Preis seit 1996 alle drei Jahre und von nun an sogar alle zwei Jahre. Nachdem bei der letztmaligen Preisauslobung 2008 auffällig viele auch internationale Investoren aufgetreten sind, die in Hamburg zuvor nicht tätig waren, und die Neubauten sich gleichzeitig baulich eher in die Höhe bewegt hatten, konnte man den Eindruck haben, dass hier Kausalitäten bestünden. Jetzt können wir feststellen, dass offensichtlich die benannten Investoren doch häufiger nur als Immobilienzwischenstationen gedient und die Grundstücke schnellstmöglich wieder veräußert haben. Einen Einfluss auf Architektur und Stadtbild haben sie bis heute nicht erlangen können.

Ein gewichtiger Grund für die Durchführung des BDA Hamburg Architektur Preises ist es auch, die Architektur der Hamburger Öffentlichkeit – zusammen mit dem Medienpartner „Die WELT" / „Welt am Sonntag" – näher ins Bewusstsein zu bringen. Daher hat der BDA Hamburg gemeinsam mit den Medienpartnern nun zum dritten Mal neben seinem Architektur Preis den Publikums Architektur Preis ausgelobt, der wieder zu erstaunlichen Ergebnissen führte. Das Publikum wählte nun das erste Mal ein Wohnhaus, – ein Traum-Einfamilienwohnhaus – zum Sieger. Auf den zweiten Rang brachte es ein höchst modernes Bürohaus mit Zugang für die Öffentlichkeit sowie in Ideallage an der Elbe und auf den dritten ein mehrgeschossiges, sehr individuell nutz- und einstellbares Wohn- und Geschäftshaus. Die Hamburger Publikumsmeinung scheint sehr aufmerksam die Nuancen der Entwicklung zu registrieren, anders, als vielfach angenommen oder gar propagiert wird, und kann sich durchaus für moderne Architektur erwärmen. Die Hamburger Architekturentwicklung ist damit gefestigter, als man vermuten mag, denn sie findet sich offensichtlich in der öffentlichen Meinung wieder.

Die immer noch hamburgisch zu nennende, qualitativ außerordentliche Architektur hat weitere Stützen bei hervorragenden Architekten, ambitionierten und sich der Stadt Hamburg verpflichtet fühlenden Bauherrn und Bauverwaltungen sowie solidester Ausführung. Das hat in Hamburg Tradition, auch, weil die Kontinuität des Bauens hier nicht so starken Schwankungen wie anderswo ausgesetzt ist, was Bauherren, Architekten und ausführenden Firmen Vorteile für Fertigkeiten, Wissen und Qualität garantiert.

Allen teilnehmenden Architektinnen und Architekten, Bauherren, den Interessierten aus den Behörden, Wohnungsbauunternehmen, dem Medienpartner „Die WELT" / „Welt am Sonntag" und der sich beteiligenden Öffentlichkeit möchte ich hiermit für ihren Beitrag danken, wie ebenfalls denen, die mit der Konzipierung und Durchführung des Preises, der Ausstellung und des hiermit vorgelegten Kataloges befasst waren, namentlich der Jury, den VorprüferInnen, dem BDA-Vorstand, den Herausgebern, der BDA-Geschäftsstelle und allen BDA-Mitgliedern, die diese Arbeit erst ermöglichen.

In dieser guten Gemeinschaft werden wir auch in Zukunft das Projekt der hohen Qualität unseres gebauten Hamburgs weiter bewegen können.

Karin Loosen
1. Vorsitzende
Bund Deutscher Architekten
und Architektinnen
BDA der Freien und Hansestadt Hamburg

Bericht über die Jurysitzung

Der BDA Hamburg Architektur Preis zählt zur Kategorie der Ehrenpreise, der für in den letzten zwei Jahren realisierte Bauten aus dem Großraum Hamburg vergeben wird. Für die Jury bedeutet das, dass sie sich bei ihrer Arbeit nicht wie sonst so häufig bei Wettbewerben mit den Risiken des Bauens zu beschäftigen hat, sondern sich ganz dem gebauten Ergebnis und damit dem Schönen und der Qualität widmen kann. Trotz des Reizes, der dieser Aufgabe innewohnt, ist es dennoch kein leichtes Unterfangen, in einer kollektiven Entscheidungsfindung die besten Bauten herauszufiltern und sie zum Maßstab der Bautätigkeit der letzten Jahre zu machen. Schließlich geht es um nicht weniger als die Klärung der Grundsatzfrage, was ein gutes Gebäude ausmacht.

In diesem Jahr, in dem der Preis zum sechsten Mal vergeben wird, gingen 88 Bewerbungen aus 65 Architekturbüros ein. Zugelassen waren Bewerbungen aus allen Aufgabenbereichen, mit denen Architekten konfrontiert sind. Die Jury hatte drei 1. Preise, eine nicht konkret festgesetzte Zahl 2. und 3. Preise sowie Würdigungen, die in Katalog, Ausstellung und Internet dokumentiert werden, auszuwählen.

Die zahlenmäßige Rangfolge der Aufgabenbereiche, aus denen die Bewerbungen kamen, deckte sich mit der des Auslobungsverfahrens 2008. Damit kamen auch in diesem Jahr die meisten Bewerbungen aus dem Bereich „Wohnungsbau", gefolgt von Arbeiten aus dem Bereich „Bauen im Bestand" und dem „Bürobau" an dritter Stelle. An vierter Stelle stand eine bunte Mischung aus den Bereichen Industrie-, Hotel-, Verkehrs- und Sportbauten, um nur die häufiger vertretenen zu nennen. Alle Bewerbungen waren im Stadtgebiet Hamburg lokalisiert. Die eingereichten Einzelprojekte wiesen auch innerhalb eines Aufgabenbereiches sehr individuelle Anforderungen an die Bauaufgabe auf, wodurch das vorhandene Aufgabenspektrum nochmals verbreitert wurde.

Vor dem Jurysitzungstermin wurden alle 88 Bewerbungen von der Vorprüfung auf die Erfüllung der in der Auslobung vorgeschriebenen Teilnahmebedingungen geprüft. Ergebnis war das Ausscheiden von vier Bewerbungen, da sie entweder bereits beim BDA Hamburg Architektur Preis 2008 teilgenommen hatten oder außerhalb des Zulassungsgebietes lagen. Die 84 verbliebenen Arbeiten wiesen keine formalen Beanstandungen auf und wurden zum weiteren Verfahren zugelassen.

Bevor die Jury in ihren ersten Rundgang startete, wählte sie Prof. Dörte Gatermann einstimmig zur Juryvorsitzenden. Danach diskutierte sie über Beurteilungskriterien. Es bestand Einigkeit darüber, dass von den in der Auslobung benannten Beurteilungskriterien vor allem die Angemessenheit des architektonischen Umgangs bezogen auf die Bauaufgabe sowie die Einbindung in die städtebauliche Umgebung als maßgeblich zugrunde zu legen seien. Die auszuwählenden Bauten sollten herausragende Beispiele von hoher architektonischer Qualität darstellen, die eine zeitgemäße Auseinandersetzung mit Architektur und Gestaltung sowie dem Umgang mit dem verwendeten Material aufwiesen.

In einem Informationsrundgang ohne Wertung verschaffte sich die Jury zunächst anhand des eingereichten Bewerbungsmaterials einen Überblick über alle Bewerbungen. Im folgenden Wertungsrundgang wurden 49 Arbeiten in die nächste Runde überführt. In ihr wurden weitere 18 Arbeiten ausgeschieden. Die verbliebenen 31 Arbeiten wurden im dritten Rundgang als die Arbeiten ausgewählt, bei denen eine Besichtigung die letzte Klarheit darüber bringen sollte, ob sich die Wahl auch vor Ort als tragfähig erweist.

Auf ihrer Besichtigungsfahrt vertiefte die Jury ihren Eindruck über die vorausgewählten Bauten. Sie wurden von außen begutachtet und, wo es möglich war, auch von innen besichtigt. Intensive Gespräche begleiteten die Rundfahrt und ließen die einzelnen Positionen der verschiedenen Jurymitglieder immer deutlicher zutage treten.

Die endgültige Jurierung wurde nach Abschluss der Besichtigungen am zweiten Sitzungstag vorgenommen. Zunächst wurden noch einmal alle eingereichten Arbeiten geprüft. 12 bereits ausgeschiedene Bewerbungen wurden ins Verfahren zurückgeholt. Aus den 43 verbliebenen Arbeiten, wovon eine aus drei Bewerbungen zusammengefasst wurde, ermittelte die Jury dann die einzelnen Preisränge. Nach mehreren Durchgängen und am Ende einer z. T. auch kontrovers geführten Grundsatzdiskussion kam die Jury einstimmig zu dem Ergebnis, 26 Arbeiten mit einer Würdigung und damit der Teilnahmeberechtigung für eine Publizierung in Katalog und Internet auszuzeichnen. Ebenfalls einstimmig wurden neun Arbeiten für den 3. Preisrang ausgewählt, fünf Arbeiten für den 2. Preisrang und drei Arbeiten für den 1. Preisrang, den BDA Hamburg Architektur Preis 2010. Die Auszeichnungen in jedem einzelnen Preisrang wurden gleichrangig zuerkannt. Für die drei ersten Preisränge verfasste die Jury schriftliche Einzelbeurteilungen. Außerdem bestimmte sie, dass die Arbeiten des 1. und 2. Preisranges ins Verfahren des „BDA / Die WELT Publikums Architektur Preises 2010" zu überführen seien.

Die Jury befand, dass alle ausgewählten Arbeiten gute Beispiele für qualitätsvolle Lösungen der entsprechenden Bauaufgaben darstellen. Dies gilt in besonderem Maße für die drei mit dem „BDA Hamburg Architektur Preis 2010" bedachten Bauten. HK

Die Jury

von links nach rechts

Jörn Walter, Prof. Dipl.-Ing. Stadtplaner, geb. 1957 in Bremen. 1976–1982 Raumplanungsstudium an der Universität Dortmund. 1982–1984 Städtebaureferendariat in Düsseldorf. 1985–1991 Leiter des Amtes für Stadtentwicklung und Umwelt der Stadt Maintal. 1991–1999 Leiter des Stadtplanungsamtes Dresden. Seit 1999 Oberbaudirektor der Freien und Hansestadt Hamburg. 1997 Gastprofessur für städtebauliches Entwerfen an der TU Wien. 1998 Lehrauftrag für städtebauliches Entwerfen an der TU Dresden. Seit 2001 Professur an der Hochschule für Bildende Künste Hamburg. Mitglied der Akademie für Städtebau und Landesplanung, der Akademie der Künste Berlin und der Sächsischen Akademie der Künste.

Susanne Gross, Prof. Dipl.-Ing. Architektin BDA, geb. 1960 in Marburg/Lahn. 1979–1986 Studium der Architektur an der RWTH Aachen. 1986–1989 Büro Prof. J. Schürmann, Köln und Büro Skidmore, Owings & Merrill, London. 1990–1994 Aufbaustudium an der Kunstakademie Düsseldorf bei Ernst Kasper, Laurids Ortner, Elia Zenghelis, Meisterschülerin mit Auszeichnung. Seit 1994 Architektin und Stadtplanerin in Köln, seit 1997 Partnerin bei kister scheithauer gross, Köln. Lehrtätigkeit: 1989–1997 wissenschaftliche Assistentin Lehrstuhl für Städtebau, RWTH Aachen. 1998–2001 External Examiner 4th year, College of Art, Edinburgh. 2001–2003 Lehrtätigkeit an der Akademie für Baukunst, Maastricht. Seit 2004 Professur für die Grundlagen des Entwerfens und Gebäudekunde, Bergische Universität Wuppertal (FH). Bauten (Auswahl): Synagoge Ulm, 1. Preis Wettbewerb 2010; Sanierung und Umnutzung der ehemaligen Frauenklinik Universität Tübingen; Bürogebäude Bonn-Tor Köln; Bernhard-Nocht-Institut für Tropenmedizin Hamburg; Biomedizinisches Forschungszentrum Marburg; Doppelkirche Freiburg; Tiergartenbrücke Dessau.

Gisela Schütte, Dr., wandte sich nach dem Studium der Archäologie, Kunstgeschichte, Philosophie und anschließender Forschungstätigkeit dem Journalismus zu. Bevorzugte Themen sind Architektur, bildende Kunst, Medizin und Gesundheitswirtschaft. Neben der Arbeit für die Tageszeitung „Die WELT" schreibt sie Bücher.

Matthias Sauerbruch, Prof. Dipl. Architekt BDA, AA Dipl., ARB, geb. 1955 in Konstanz. Architekturstudium an der Hochschule der Künste, Berlin und der Architectural Association, London. 1984–1988 Partner bei OMA, London. Seit 1989 Büro Sauerbruch Hutton mit Louisa Hutton. 1995–2001 Lehrstuhl TU Berlin. 2001–2007 Lehrstuhl Staatliche Akademie der Bildenden Künste, Stuttgart. 2005 Gastprofessur University of Virginia. Seit 2008 Gastprofessur Harvard Graduate School of Design, Cambridge. Seit 2006 Mitglied der Akademie der Künste, Berlin. Gründungsmitglied der Deutschen Gesellschaft für Nachhaltiges Bauen. Auszeichnungen (Auswahl): Fritz-Schumacher-Preis; Erich-Schelling-Preis für Architektur; Architekturpreis BDA Berlin; RIBA Awards; World Architecture Award; AIA Award; Deutscher Architekturpreis; Balthasar-Neumann-Preis; Nationaler Preis für integrierte Stadtentwicklung und Baukultur. Bauten (Auswahl): GSW Hauptverwaltung Berlin; Experimentelle Fabrik Magdeburg; Polizei- und Feuerwache Berlin; Umweltbundesamt Dessau; University Jessop West Sheffield; Museum Brandhorst München; Cologne Oval Offices; KfW Westarkade Frankfurt; Maciachini Mailand; Umbau ADAC Hauptverwaltung München; LOW2NO Helsinki; M9 Museum Mestre.

Dörte Gatermann (Juryvorsitz), Prof. Dipl.-Ing. Architektin BDA, geb. 1956 in Hamburg. 1975–1981 Architekturstudium TU Braunschweig und RWTH Aachen. 1981–1985 Projektleiterin im Büro Prof. Gottfried Böhm. 1984 Gründung des Architekturbüros in Köln mit Elmar Schossig. 2002–2007 Universitätsprofessorin an der TU Darmstadt, Lehrstuhl „Entwerfen und Gebäudelehre". Bauten (Auswahl): Dominium Generali Deutschland Holding; PKH Pensionskasse Hoechst; Köln-Triangle Hochhaus; RömerMuseum Xanten; Kontor 19 Rheinauhafen Köln; Ministerium für Schule und Weiterbildung NRW; Kreispolizeibehörde Siegburg; Hafenamt Rheinauhafen Köln; Postbank NL Köln; Micropolis Dresden; FrauenMediaTurm Köln; Rimowa Kofferfabrik Köln. Architekturpreise (Auswahl): Label best architects 09, 08, 07; BEX 2009 Innovation Award; Innovationspreis Architektur und Technik; BDA-Preis – Auszeichnung guter Bauten, Vorbildliche Bauten NRW; Deutscher Architekturpreis, Anerkennung; Kölner Architekturpreis; Deutscher Architekturpreis, Auszeichnung; Deubau-Preis; ca. 100 Preise aus Wettbewerben.

Editorial

Die Architektur in Hamburg hat eine gute Basis in der Öffentlichkeit. Das ist ein wesentliches Ergebnis des diesjährigen Preisverfahrens zum BDA Hamburg Architektur Preis 2010 und dem damit verbundenen BDA / Die WELT Publikums Architektur Preis. Des Weiteren wird deutlich, dass Hamburg immer noch auch baulich wächst. Auffallend sind natürlich so große Entwicklungen wie die HafenCity, die stets viel zu den Auslobungen unserer Architekturpreisverfahren beitragen. Sieht man genauer hin, dann stellt man fest, dass von den im hiermit vorgelegten Katalog wiedergegebenen Gebäuden – die damit allesamt als herausragende Architektur in Hamburg charakterisiert werden und von einer externen Jury ausgewählt wurden – nur gerade einmal gut 20 Prozent in der HafenCity stehen. Wegen der großen Aufgabe, ein wirkliches Stück Stadt auf dem Territorium der HafenCity zu bauen, darf man allerdings erwarten, dass hier architektonisch und städtebaulich besondere Themen behandelt und auch bewältigt werden. Das ist sicherlich auch so, wenn man die ausgezeichneten Gebäude, die überwiegend in anderen Stadtlagen gelegen sind, vergleicht. Ebenso sind hier interessante Ansätze zu beobachten, die sich auf neue Stadtqualitäten orientieren. Das scheint überhaupt ein durchgängiges Thema des diesjährigen Preisverfahrens zu sein. Da rund 80 Prozent der hier ausgezeichneten, also neu geschaffenen Gebäude in der bereits bebauten Stadt entstanden sind, haben sie hier unterschiedlichste Kontexte bewältigen müssen. Thematisch geht es immer wieder um Nutzungsänderungen, Umnutzungen, Nachverdichtungen, die Differenzierung des öffentlichen Raumes und die Berücksichtigung der Weiterentwicklung des Stadtraumes überhaupt. Auch die architektonische Perspektivaufnahme bisher eher vernachlässigter oder vergessener Bereiche tritt mehr in den Vordergrund. Die Identitätsfindung durch kleine vorbildliche Maßnahmen oder Anregungen gehört dazu. Denn der Blick auf den zur Verfügung stehenden Stadtraum hat sich geändert. Ist er doch viel sensibler geworden, seit ins allgemeine Bewusstsein vorgedrungen ist, dass gerade die städtische Fläche eine Lebensressource für alle Bewohner ist. Das In-die-Landschaft-Vordringen der Stadt ist kaum noch Thema, das Ziel ist stattdessen die Wertschätzung der städtischen Flächenressource durch differenzierte Gestaltung und Nutzung. Eine Wurzel dessen rührt in Hamburg sicher auch aus der vielfach und seit viereinhalb Jahrzehnten geführten Debatte über Umweltschutz, Energieeinsparung, CO_2-Reduktion, Landschaftsverbrauch, Umwelt- und Lebensqualität und deren Gestaltungsbedarf in der Stadt. Es hat sich ein komplexer, differenzierter, qualitativ hochstehender Architekturansatz in Hamburg herausgebildet, der wohl seinesgleichen sucht. Mittlerweile ist es selbstverständlich und wird kaum noch ausdrücklich erwähnt, dass DGNB Standard gebaut wird oder Gold- bzw. Platin-Standard der HafenCity. Der Fokus hat sich allgemein erweitert, und es fällt dagegen eher unangenehm auf, wenn architektonisch-baulich kontextvergessen vorgegangen wird. Umweltstandards allein verfangen nicht mehr. Es gehören die Gestaltfindung, die Einbindungen in den Ort und in den sonstigen städtischen Kontext sowie die Nutzungsbewältigung dazu. Die Immobilie wird durch den komplexen architektonischen Ansatz mittlerweile nicht mehr aufgewertet, sondern es stellt sich eher so dar, dass ein monothematisches Vorgehen diese abwertet. Hierbei kann man allerdings nicht von der Hand weisen, dass die HafenCity schon in ihrer frühen Baugeschichte vorbildliche Standards gesetzt hat – inzwischen sind sie wesentlich weiter gediehen, wie man u.a. auch am Modell eines urbanen Schultypus, der Katharinenschule, sehen kann – die den architektonischen Ansatz in Hamburg qualitativ noch erweitert haben.

Wenn wir die hier im Katalog dokumentierte Wohnungsbauarchitektur betrachten, können wir feststellen, dass diese auf kleinste Änderungen im städtischen Kontext mit beachtlichen Entwürfen reagieren kann. Der Wohnungsbau auf dem Grundstück am Billebad in Hamburg-Bergedorf zeigt bei exzellenten Außenraumqualitäten und erstklassiger Gestaltung auch differenzierte Wohnungstypen. „Wohnen im Brahmsquartier" in der Hamburger Neustadt zeigt ein urbanes Wohnmodell, das ganz andere Schwerpunkte setzt und einen wichtigen Sektor des Wohnens vollständig zu bedienen weiß. Ganz anders wiederum geht Home4 Hamburg in der HafenCity mit dem Wohnen um und kann quasi im Baukasten hohe Wohnungs- und Gebäudequalitäten mit der städtischen Lage verbinden. Eine wiederum andere „Wohnlage" erweitert den Horizont des Wohnens in der Stadt bei der Betrachtung des Wohnquartiers „Husarenhof Marienthal", das – immer noch in städtischer Lage – aus ehemaligen Husarenpferdeställen hochqualitative Wohnsituationen gestaltet. Die Fischershöfe in Hamburg-Ottensen vermögen zu beweisen, wie ausgezeichnete Architektur, dichtes, urbanes Bauen und hervorragende Wohnungs- und Wohnqualität zusammengehen können. Die Aufgabe, die Reemtsma-Verwaltungsbauten im Reemtsma Park in First-Class-Wohnen zu verwandeln, ist sicherlich eine seltene, aber bei der architektonischen Vorgabe auch eine der anspruchsvollsten. Der Park wurde durch einige individuelle Wohnzubauten so ergänzt, dass man immer noch nicht von „Nachverdichtung" sprechen möchte. Der Außenraum bleibt weiterhin die wesentliche Dimension, in dem sich die vorzügliche, umgenutzte historische Architektur zurückzuhalten vermag. Nicht viel anders geht es jenem „Einfamilienhaus" – Haus am Park –, das man als Villa bezeichnen muss, und das insgesamt vorführt, wie man Wohnen modern gestalten, funktional perfekt die Aufgabe erfüllen und doch zurückhaltend in der natürlichen und gebauten Umgebung und der Nachbarschaft bleiben kann. Hier handelt es sich beinahe um einen Idealfall, der zeigen kann, dass ein komplexes Architekturkonzept Bau, Leben und Umwelt – und sei es in diesem Fall auch sehr großzügig ausgestattet – zurückhaltend zusammenbringen kann. Diese Potenziale scheint die beim BDA / Die WELT Publikums Architektur Preis teilnehmende Öffentlichkeit unmittelbar erspürt zu haben und hat dieses Gebäude – man kann auch sagen, die hier wahrnehmbaren Qualitätsansätze des Wohnens – auf seinen 1. Platz gehoben.

Die 1. Plätze der Experten-Jury waren allerdings drei komplexere Gebäude, davon liegt eines in der HafenCity. In der Gunst der „WELT"-Leserschaft liegt das Unilever-Haus allerdings auch ganz oben und hat den zweiten Publikums-Rang erreicht. Hier dürfte der Innovationsmotor HafenCity wesentlichen Anteil und auch wieder ganz entscheidende Standards gesetzt haben. Einerseits ist das Gebäude in seiner Lage zur Elbe so unschlagbar, dass dies nicht wiederholbar sein kann, andererseits setzt es erneut Umwelt- und Energiemaßstäbe und drückt dies in einer innovativen Fassade aus, die in Hamburg bisher noch nicht aufgetreten ist. Weiterer Pluspunkt ist die Integration der Öffentlichkeit. Dies ist hier in einer Weise gelungen, dass man als Passant glauben kann, Innenraum und Halle des Gebäudes seien Bestandteil des öffentlichen Raumes, denn man kann auf direktem Weg durch das Gebäude die Elbe erreichen und an einem – schönen und windigen öffentlichen Platz an der Südseite des Gebäudes – verweilen.

Der öffentlichen Impulssetzung ist auch der Elbcampus verpflichtet, das Kompetenzzentrum der Handwerkskammer auf bisher vernachlässigtem oder vergessenem Terrain, quasi hinter dem Harburger Bahnhof. Die hervorragende Architektur setzt ein Ausrufezeichen in dieses Gebiet. Die Gestaltung ist modern und doch der Hamburger Tradition des Ziegelbaus verpflichtet. Es repräsentiert Geschichte, Gegenwart und Zukunft, ohne auch nur einen Deut seiner Zukunftsgerichtetheit zu verleugnen. Ein Zeichen auch für die Handwerkskammer. Von einer großzügigen, mehrgeschossigen öffentlichen Halle erschließen sich die Seminar-, Tagungsräume und Werkstätten. Ein städtebauliches und ein gesellschaftliches Zeichen ist entstanden.

Dieses kann fast nahtlos auch für den dritten der drei gleichrangigen 1. Preise der Jury gesagt werden. Die Columbia Twins bilden als gold schillernde Diamanten den Abschluss der „Perlenkette" an der Großen Elbstraße. Der öffentliche Raum ist hier nicht – wie bei den beiden anderen Beispielen – nach innen gelegt, sondern als Außenraum frei gehalten. Die Aufenthaltsqualität zwischen und neben den beiden Bürotürmen wird geprägt durch den beinahe ideal zu nennenden Platz zwischen den Gebäuden, die sich im Sonnenlicht farblich verändernden Fassaden und die Unmittelbarkeit der angrenzenden Elbe.

Ausdruck von Differenzierung und Zusammengehörigkeit im Stadtraum scheint das Thema der diesjährigen Auslobung über die unterschiedlichsten Kategorien und Themen der eingereichten Arbeiten gewesen zu sein, von denen viele aus Wettbewerben hervorgegangen sind. Es mutet an wie ein (heimlicher) Konsens, die Stadt in ihrer baulichen und gesellschaftlichen Gesamtheit weiterbauen zu wollen. Man könnte das unterlegte Thema auch stadtdienliche Architektur nennen.

Die Stadt wandelt sich auch weiterhin, damit ändern sich die Nutzungsansprüche an die städtische Fläche. Die Gesellschaft differenziert sich. Ein Konsens ist dabei häufig vorderhand gar nicht zu entdecken. So hat es größere Dispute um Stadtflächen und Stadträume gegeben, und diese dauern zum Teil auch noch an. Das erste Mal wurde in Hamburg ein erfolgreiches Bürgerbegehren gegen ein Gebäude und eine Platzgestaltung durchgeführt. Trotz alledem ist es zu einer doch relativ homogenen und die Hamburger Entwicklung ausdrückenden städtebaulichen und architektonischen Entwicklung gekommen. Das kann heißen, dass nicht unbedingt konsensual über das Thema Architektur und Stadtentwicklung debattiert wird, aber dass ggf. merkfähige implizite gesellschaftliche Werte in den vielfachen Debatten transportiert und grundgelegt werden, die sich in der Ausgestaltung unserer Stadt niederschlagen.

Die Kontinuität des Planens und Bauens in Hamburg, der überwiegende öffentliche Konsens zur Substanzqualität und die Fähigkeiten und Fertigkeiten der Hamburger Akteure, der Planungsverwaltung, der Investoren und der Architektenschaft, dieses zu verinnerlichen, sind offensichtlich Garanten für die qualitätsvolle Weiterentwicklung Hamburgs.

Hildegard Kösters
Volker Roscher

Hamburger lieben klare Linien

Welches sind die schönsten, die am besten konzipierten, die nachhaltigsten, die städtebaulich optimal platzierten Gebäude der Hansestadt? Die nächste Runde des BDA Architektur Preises, der diesen Fragen nachgeht, ist abgeschlossen. Die Jury hat ihr Urteil gesprochen. Und zum dritten Mal haben BDA Hamburg, „Die WELT" und die „Welt am Sonntag" im Anschluss den Publikums Architektur Preis ausgelobt, bei dem die Leser die Wahl haben, was sie im Stadtbild schätzen und was nicht. Und zum dritten Mal setzten die Leser der beiden Zeitungen im Detail andere Prioritäten als die Experten der Jury: Ein sehr individuelles Haus am Park gewinnt offenbar eher das Interesse der Nachbarn als das gläserne Bürohaus, das sich mit großer Geste zum Wasser öffnet.

Der BDA möchte mit seinem Preis mehr Aufmerksamkeit für die gebaute Umwelt erreichen. Der Publikums Architektur Preis mit dem regen Interesse der Leser, sich als Laien-Juroren zu betätigen, zeigt, dass dieses Ziel erreicht wird. Per E-Mail und Postkarte votierten auch in diesem Jahr die Teilnehmer ganz entschieden für ihre Kandidaten. Und dass Architektur nicht nur eine Sache ausgefeilter Proportionen und Baudetails, sondern auch des Geschmacks, der Diskussionen, zuweilen auch rigider Unmutsäußerungen über „Betonkisten" und den allgemeinen Geschmacksverfall ist, belegt, dass diese Form der Öffentlichkeitsarbeit von Erfolg gekrönt ist. Besser, die Menschen regen sich über das Neugebaute auf, als wenn ihnen ihre Nachbarschaft komplett gleichgültig ist.

Unsere Regularien für den Publikumspreis haben sich bewährt: Bei uns gehen nicht alle Bewerbungen für den BDA Architektur Preis ins Rennen, sondern nur die Erstplatzierten; in diesem Jahr waren das die insgesamt acht Preise, die von der Expertenjury auf den 1. und den 2. Rang gesetzt wurden. Doch die Rangfolge der Insider erfuhren die Leser vorab nicht. Sie sollten sich unvoreingenommen ihr eigenes Bild machen. Das Ergebnis ist: Die Meinung der Betrachter unterscheidet sich zum Teil ganz erheblich von der der Experten. Kein Wunder: Spielen doch bei der Entscheidung der Jury Argumente wie Baudetails und planerische Konsequenz eine Rolle, während sich der Architekturlaie von einem Gebäude angesprochen fühlt oder nicht. Hinzu kommen persönliche Vorlieben.

Mit großem Abstand schaffte es in diesem Jahr keines der repräsentativen Gebäude auf den 1. Platz in der Lesergunst, sondern ein Einfamilienhaus in den Elbvororten, das Haus am Park des jungen Büros splendid architecture. Es ist eine Villa auf großem Grund, die sich dennoch bescheiden und funktional gibt, und wieder einmal ist es ein sehr stringent und geradlinig geplantes Haus, das die meisten Stimmen bekam.

Auf den 2. Rang der Leser-Konkurrenz schaffte es die neue Konzernzentrale von Unilever in der HafenCity, die die Experten-Jury auf den 1. Rang gesetzt hatte. Platz 3 bei den Lesern ist das Home4 Hamburg von Hadi Teherani (BRT), der in der Lesergunst nicht nur 2008, sondern auch 2005 (damals mit dem Deichtorcenter) der Sieger gewesen war. Vierter in der Leserabstimmung sind in diesem Jahr die Columbia Twins von Carsten Roth, Fünfter das Oval am Kaiserkai von Ingenhoven, Sechster die Revitalisierung des Reemtsma-Geländes von Helmut Riemann, Siebter der Wohnungsbau am Billebad von Böge Lindner und Achter der Elbcampus der Handwerkskammer in Harburg von Jörg Friedrich. Diese Reihenfolge beweist ganz deutlich, welche Rolle die Wirkung, der Auftritt eines Objekts spielt und dass die Emotion für die Wahl entscheidend ist.

Bereits bei der Konkurrenz von 2008 hatten die Leser ihre eigene Vorstellung dokumentiert und das Kontorhaus Dockland am Altonaer Hafenrand von Hadi Teherani auf den 1. Platz gewählt, während die Experten den neu gestalteten Jungfernstieg, das Hotel Empire Riverside und ein Wohnquartier am Altenhagener Weg auf den Spitzenrang gesetzt hatten. Interessant ist aber auch, dass es bei der Abstimmung nicht um Aspekte wie Glas oder Backstein, modern oder idyllisch geht, sondern um Ausstrahlung und Wirkung.

Die Beteiligung der Leser war auch in diesem Jahr bemerkenswert, wobei die E-Mail-Schreiber die Postkartenverfasser inzwischen weit überflügelt haben.

Unser Wettbewerb sollte das Interesse an Architektur steigern. Das war das Ziel. Und das haben wir gemeinsam erreicht.

Wie sieht es nun aber mit der Qualität aus, zu deren Steigerung der BDA beitragen möchte?

Natürlich fördern Großprojekte wie die HafenCity diese Bestrebungen. Die Bauherren möchten sich doch genauso wie die Architekten in den ersten Wasserlagen mit dem Besten präsentieren, was sie zu bieten haben. Und vor allem die repräsentativen Bauten in der ersten Reihe werden von der ersten Riege der Architekten aufwendig gestaltet.

Doch wie sieht das in den Nebenlagen aus, in den Bezirken, in den Vororten und am Stadtrand? Wie ist das mit den Unterschieden zwischen ersten Wohnlagen an der Alster und der Elbe und den weniger noblen Adressen – werden die Spitzenlagen sorgfältiger gestaltet als die Wohnsiedlung im günstigen Viertel?

Die diesjährige Konkurrenz hat gezeigt, dass es bei der gestalterischen Sorgfalt keine Adresslagen gibt. Bei den Bewerbungen erstaunten gleichermaßen die Vielfalt der eingereichten Projekte wie die hohe Zahl der wirklich grundsoliden, der guten und sehr guten Beiträge. Und das eben nicht nur dort, wo viele hinsehen.

Ein Behördenbau in Wandsbek. Liest man das auf der Bewerberliste, mag man vielleicht abwinken. Was sollte an einer Behörde weit draußen interessant sein? Fährt man hin und schaut das Gebäude an, findet man, bei begrenztem Kostenrahmen, ein ansprechend konzipiertes Gebäude mit guten Details und Materialien, das Anerkennung verdient. Ein anderes Mal ist es nicht mehr als ein konsequent gestaltetes Ladengeschäft in der Altstadt, das Respekt verdient. Oder die Revitalisierung eines Kontorhauses, das schon auf der Abbruchliste stand und dann mit viel Sinn fürs Detail zu einem Schmuckstück wurde.

Geradezu als Leuchttürme sind die ausgezeichneten Wohnungsbauten zu sehen, die weit entfernt von teuren Alsterlagen entstanden sind. Die Genossenschaftsbauten am Billebad, unweit der Bahn, erinnern an alte Wohnungsbautugenden, mit denen sich Hamburg in den zwanziger Jahren einen Namen gemacht hat. Hier verbindet sich gute Gestaltung mit attraktiven Grundrissen und familienfreundlichen Grünanlagen. Das Haus am Park im Hamburger Westen schließt an alte Villentraditionen an, verzichtet aber auf eine Renommierfassade und lässt lieber das grüne Ambiente die Hauptrolle spielen. Darüber darf man angesichts zunehmender Fließbandproduktion an mehr oder weniger prächtigen Typenhäusern mit und ohne Säulenportici geradezu jubeln: nicht nur über die Idee des Architekten, sondern auch über den Mut der Bauherren, die sich auf ein solches Planungsspiel einließen, statt im Nobelsortiment zum Festpreis von der Stange zu kaufen.

Die wachsende Stadt Hamburg ist trotz Finanzkrise weiter im Umbruch. Am Stadtrand werden Grundstücke geteilt und doppelt und dreifach bebaut, auf dem Weg ins Zentrum schreitet die Konversion von Klinik- und Bundeswehrgelände fort, die als neue Wohnquartiere umgenutzt und überwiegend mit Bedacht familienfreundlich gestaltet und angelegt werden.

Unter aller Augen geht der Wandel in der inneren Stadt weiter. Und auch da entwickeln sich neue Facetten. Fielen in der Vergangenheit die Bauten aus den Nachkriegsjahren häufig wegen ihrer fehlenden ökologischen Tugenden unter die Spitzhacke, wird jetzt auch energiesparend revitalisiert zwischen Hafen und City.

Der Dreh- und Angelpunkt im Baugeschehen schließlich bleibt die HafenCity, die gegenwärtig über ihre Mittelachse, den Magdeburger Hafen, hinauswächst und sich planerisch Richtung Elbbrücken bewegt. Unverändert gilt: Örtlich ist im Westen des Quartiers die formale und materielle Vielfalt schon mehr als ausgereizt. Doch als Ensemble betrachtet entfaltet der Stadtteil Kraft und weckt die Neugier, die zahllosen Wasserlagen zu entdecken. Und genau das tun die Passanten und Besucher, die Flanierer und Kaffeetrinker, die sich auch in die Regionen der Erdhügel vorwagen, mit denen die Infrastruktur-Baumaßnahmen den Weg in die Zukunft vorzeichnen.

Die Neugier richtet sich auch nach Süden, wo rechnerisch mit dem Sprung über die Elbe und der Internationalen Bauausstellung IBA theoretisch schon jetzt die Kandidaten für den nächsten BDA-Architektur Preis gebaut werden könnten. Dass sich dabei architektonisch interessante Lösungen ergeben werden, ist unbestritten. Der Publikums Architektur Preis aber könnte dann der Seismograf für die Frage sein, ob sich das spektakuläre Neue auch mit dem gewachsenen Alten verträgt. Denn Ideenreichtum, Wasserlagen und Konzepte für Kunst und Bildung machen noch kein harmonisches Quartier.

Der BDA Architektur Preis ist seit vielen Jahren eine spannende Bilanz des Baugeschehens in der Hansestadt, weil damit nicht Experten nur herausragende oder extravagante Projekte für Bücher auswählen, sondern weil Architekten selbst sich der Kritik stellen. Und weil in der Bilanz eben nicht nur die Erstplatzierten für die Nachwelt dokumentiert werden, sondern auch eine größere Auswahl von anerkennenswerten Bauleistungen in den Katalogen beschrieben wird, dokumentiert die Veranstaltung wie Jahresringe die Trends, die Bauten, die nur Moden kopieren, ebenso wie die Projekte, die auch in Jahren noch Anerkennung finden werden. Das lässt sich an einem aktuellen Beispiel beschreiben, das im Wettbewerb am Start war: der Umbau der Reemtsma-Verwaltungsbauten in Othmarschen. Dort fanden die Dreißiger-Jahre-Villa von Elsaesser ebenso wie die Verwaltungstrakte aus den fünfziger Jahren von Nissen und die Neubauten von Riemann Anerkennung, bei den Experten wie beim Publikum.

Gisela Schütte

1. Preisrang

BDA Hamburg Architektur Preis 2010

16 Unilever-Haus – Neubau Firmenzentrale Unilever Deutschland, Österreich, Schweiz
   Behnisch Architekten, Stuttgart
   Bauherr: Strandkai 1 Projekt GmbH; c/o HOCHTIEF Projektentwicklung Niederlassung Nord, Hamburg
   2. Preis BDA / Die WELT Publikums Architektur Preis 2010

22 Elbcampus Harburg – Kompetenzzentrum der Handwerkskammer
   Prof. Jörg Friedrich, PFP Architekten BDA, Hamburg
   Bauherr: Handwerkskammer Hamburg

28 Columbia Twins^2
   Carsten Roth Architekt, Hamburg
   Bauherr: Aug. Prien Immobilien, Gesellschaft für Projektentwicklung mbH, Hamburg

(Reihenfolge nach Eingangsnummern)

Bauaufgabe: Neubau einer Firmenzentrale mit rund 1.200 Arbeitsplätzen, Mitarbeiterrestaurant, Konferenzbereich, öffentlichem Café und Geschäft mit Unilever-Produkten
Standort: Strandkai 1, 20457 Hamburg-HafenCity
Bauherr: Strandkai 1 Projekt GmbH; c/o HOCHTIEF Projektentwicklung Niederlassung Nord, Hamburg
Statik: Weber Poll Ingenieure für Bauwesen, Hamburg, und Pfefferkorn Ingenieure, Stuttgart
HLS: HKP Ingenieure, Hamburg
Landschaft Entwurf: EMBT Enric Miralles – Benedetta Tagliabue, Barcelona, Spanien
Landschaft Ausführungsplanung: Behnisch Architekten, Stuttgart
Fassadenberatung: Dr. Michael Lange Ingenieurgesellschaft mbH, Hamburg
Organisatorische Gebäudeplanung: Quickborner Team, Hamburg
Lichttechnik: Licht 01 Lighting Design, Hamburg
Konstruktion / Material: Stahlbetonskelettkonstruktion, Stahl-Pfostenriegelsystem im Erdgeschoss; Glas, ETFE-Folie
Baufertigstellung: 09/2009

Unilever-Haus – Neubau Firmenzentrale Unilever Deutschland, Österreich, Schweiz

1. Preisrang
2. Preisrang BDA / Die WELT Publikums Architektur Preis 2010

Behnisch Architekten, Stuttgart

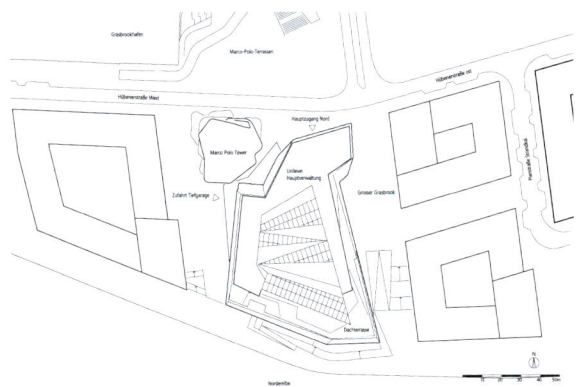

links oben: Entwicklung der Westfassade; links unten: Treppen laden zum Verweilen ein; rechts oben: Ansicht vom Strandkai; rechts unten: Lageplan. Fotos: Adam Mørk, Kopenhagen

Die neue Firmenzentrale für Unilever in der HafenCity markiert das Ende des Weges aus der Innenstadt zu Hamburgs neuen Attraktionen und öffnet sich hier der Stadt und ihren Bürgern.
Das öffentlich zugängliche, tageslichtdurchflutete Atrium ist das Herz des Entwurfs und der zentrale Ort der Begegnung. Eine transparente Folie umgibt das Gebäude wie eine zweite Haut und schützt es vor extremen Wind- und Wettereinflüssen. Je nach Lichtverhältnissen spiegelt sie Wasser und Himmel und verschmilzt mit der Umgebung, ohne sich optisch aufzulösen.
Die bewegte Struktur der äußeren Fassade findet im gläsernen Innenraum ihre Entsprechung. Auf welcher Ebene man sich auch befindet, der Blick wird stets nach draußen gezogen. Durch die Glasfassaden und Oberlichter sind überall Ausschnitte der Umgebung zu sehen: Wasser und Schiffe, Himmel und HafenCity.
Das Gebäude folgt den Grundsätzen einer ganzheitlichen, nachhaltigen Architektur, die auf dem weitgehenden Vermeiden technischer Lösungen beruht.
Behnisch Architekten, Stuttgart

1. Preisrang
2. Preisrang BDA / Die WELT Publikums Architektur Preis 2010   **Behnisch Architekten, Stuttgart**

links oben: Folienfassade, Foto: Sabine Vielmo, Hamburg; links unten: Meeting Point mit Elbblick, Foto: Adam Mørk, Kopenhagen; rechts oben: Atrium, Foto: Adam Mørk, Kopenhagen; rechts unten: Folienfassade mit Wartungssteg, Foto: Adam Mørk, Kopenhagen

Im engen Austausch zwischen Bauherren und Architekten ist hier eine außergewöhnliche Hauptverwaltung entstanden. Ein Bürogebäude, das auch öffentlicher Ort ist und am Kai einen sehr attraktiven, überdachten Sitzplatz für jedermann bietet, ist ein Geschenk für die Stadt. Ein Gebäude, das mit seinen Balkonen und Brücken, seinen Blicken in das Umfeld und in das Gebäude hinein zur Kommunikation und zum Kontakt einlädt, ist eine Bereicherung für das Unternehmen. Der kluge Umgang mit Ressourcen macht diesen lichtdurchfluteten Bau darüber hinaus zu einem Beispiel nachhaltiger Architektur. Hier entsteht mit den Mitteln der Architektur ein Ort von vielfältiger Nutzung, Bedeutung und Qualität, der Angebote an den engeren, weiteren und weitesten Nutzerkreis macht. Wie die räumliche Fassung und Materialisierung dieser Konzepte zu einem vollkommen eigenständigen und unverwechselbaren Bau verschmelzen, ist vorbildlich.
Die Jury

1. Preisrang
2. Preisrang BDA / Die WELT Publikums Architektur Preis 2010   **Behnisch Architekten, Stuttgart**

links oben: Bürobereich Besprechungszone, Foto: Adam Mørk, Kopenhagen; links unten: Meeting Point HafenCity, Foto: Adam Mørk, Kopenhagen; rechts innen: Unilever-Haus und Marco Polo Tower, Foto: Roland Halbe, Stuttgart; rechts außen: Leuchtende Farben bestimmen das Atrium, Foto: Sabine Vielmo, Hamburg

Bauaufgabe: Neubau eines modernen Bildungs- und Dienstleistungszentrums für das Hamburger Handwerk und den Mittelstand der Region
Standort: Zum Handwerkszentrum 1, 21079 Hamburg-Harburg
Bauherr: Handwerkskammer Hamburg
Projektleiter: Henning Scheid
Wettbewerb: Götz Schneider, Susanne Wandel, Aline Hoechstetter, Ulf Grosse
Planung: Ulf Grosse, Ulf Sturm, Nils Vagt, Nurcan Eren, Betty Perreiter, Christian Fiedler
Bauleitung: PFP Architekten BDA, Hamburg (Bauleiter Martin Hilker)
Statik: AHW Ingenieure, Münster
Haustechnik: ZWP, Berlin (Entwurf), Planerwerft, Hamburg (Ausführung)
Lichtplanung: Harry Mayer, Hamburg Design GmbH
Außenanlagen: PFP Architekten BDA, Hamburg mit agenceter Landschaftsarchitekten, Karlsruhe
Konstruktion / Material: Stahlbetonkonstruktion; Gebäudeumfassungswände aus dunklen Ziegelsteinen mit Lochfenstern; Innenhofwände zum Teil als geschosshohe vertikale Gussglasfassade im Rahmenprofil; raumhohe Stahlrahmenfensterelemente, in Teilbereichen Wärmedämmverbundsystem (weiß geputzt); Eingangshof / Foyer / zwei Dachgeschosse: raumhohe Metall-Pfosten-Riegel-Konstruktion; Veranstaltungsraum innen: Holztafelverkleidung
Baufertigstellung: 09/2008

Elbcampus Harburg – Kompetenzzentrum der Handwerkskammer

1. Preisrang   Prof. Jörg Friedrich, PFP Architekten BDA, Hamburg

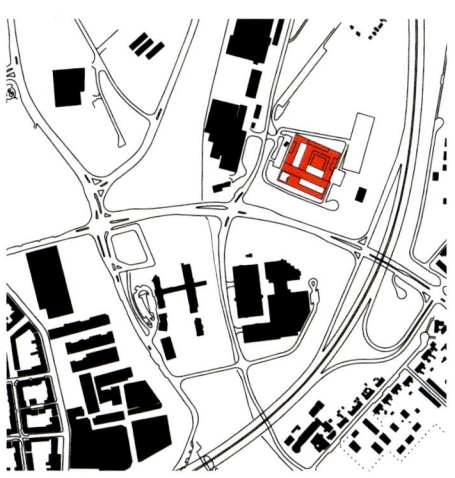

links oben: Außenansicht, Foto: Klaus Frahm, Hamburg; links unten: Ansicht Werkhof, Foto: Ralf Buscher, Hamburg; rechts oben: Eingangshof, Foto: Ralf Buscher, Hamburg; rechts unten: Lageplan

Architektonisch bildet der neue „Elbcampus" in der kompakten Form als Bildungs- und Ausbildungszentrum der Handwerkskammer Hamburg einen kräftigen Akzent in der neuen Landschaft in seiner Einfachheit und Ruhe, mit seinen großzügig und klar gegliederten, horizontal gelagerten dreigeschossigen Backsteinmassen und den markant darüber aufragenden mehrgeschossigen Dachaufbauten. Der Neubau will in seiner Haltung von Einfachheit und großliniger Gesamtwirkung nach außen die Kultur der Industriearchitektur aufnehmen und weiterführen.
Nach innen ist die außen so geschlossen wirkende Bauskulptur aufgebaut wie eine lichtdurchflutete kleine Stadt, mit Plätzen, Wegen, Straßen, von Gassen gesäumten Galerien, Häusern, Innenhöfen und vielfältigen Öffnungen, die die einzelnen Ausbildungsbereiche, Werkhallen, Hörsäle, Foyers, Mensa und Bars zu einem kommunikativen Ganzen, zu der neuen zentralen Ausbildungsstätte der Handwerkskammer räumlich sehr komplex zusammenfassen.
PFP Architekten BDA, Hamburg

1. Preisrang   **Prof. Jörg Friedrich, PFP Architekten BDA, Hamburg**

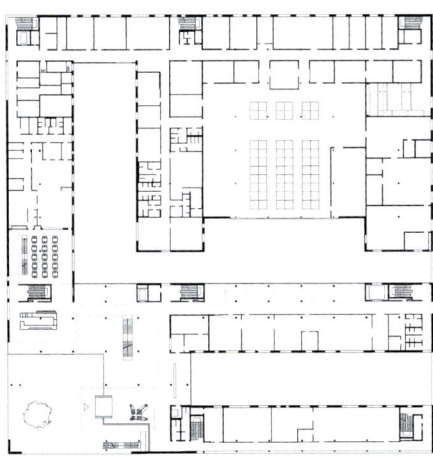

links oben: Veranstaltungsraum; links unten: Werkhalle; rechts oben: Werkhof; rechts unten: Grundriss Erdgeschoss. Fotos: Ralf Buscher, Hamburg

Dieser Bildungsbau stellt auf geradezu klassische Weise ein Musterbeispiel für die Raumfolge eines öffentlichen Baus dieser Kategorie dar: Die Einfassung eines großzügigen Eingangsbereiches mit einem offenen räumlichen Rahmen, ein überdachter Eingangsbereich und eine mehrgeschossige Halle sind die ideale Raumfolge für eine Schule, die ihr Zentrum, eine Art offene Piazza, in sich selbst findet. Das Bauwerk wirkt kompakt, und doch wirkt es nicht beengend. Licht- und Schattenspiel sind sowohl in der Fassade als auch in der großzügig belichteten inneren Halle eingesetzt. Die Architektursprache hat etwas Zeitloses, ohne dass sie beliebig wirkt.
Die Jury

1. Preisrang   **Prof. Jörg Friedrich, PFP Architekten BDA, Hamburg**

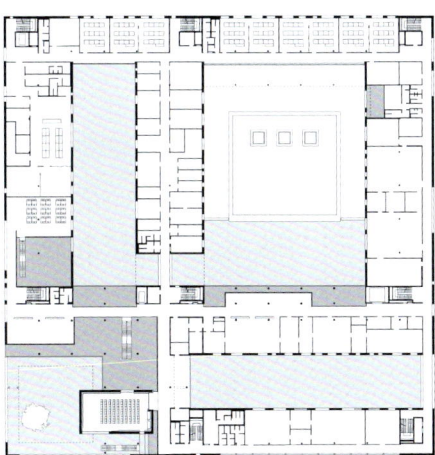

links oben: Eingangshalle, Foto: Klaus Frahm, Hamburg; links unten: Veranstaltungsraum; rechts oben: Fassade, Foto: Ralf Buscher, Hamburg; rechts unten: Grundriss 1. Obergeschoss

Bauaufgabe: Neubau zweier 8-geschossiger Bürogebäude mit Tiefgarage und einer BGF von ca. 14.500 qm
Standort: Große Elbstraße 273/275, 22767 Hamburg-Altona
Bauherrin: Aug. Prien Immobilien, Gesellschaft für Projektentwicklung mbH, Hamburg
Projektteam: Claudia Eckl, Tim Kettler, Philip Schwaiger, Isabelle Schatton, Birte Lattermann, Mark Schiebler
Tragwerksplanung: Wetzel & von Seht, Hamburg
Gebäudetechnik: E&T – Energie & Technik Ingenieurdienstleistungen (Entwurf), Sittensen; HSGP – Heinze Stockfisch Grabis + Partner GmbH (Ausführung), Hamburg
Baufertigstellung: 09/2009

Columbia Twins²

1. Preisrang   **Carsten Roth Architekt, Hamburg**

links oben: Blick zwischen Twins; links unten: Fassadendetail mit Twin-Spiegelung; rechts oben: Fassadenansicht elbaufwärts; rechts unten: Lageplan. Fotos: Klaus Frahm, Hamburg

Die beiden Gebäudevolumen der Zwillingstürme verstehen sich als Fortsetzung der westlich des Grundstücks gelegenen Baukörper. Durch die exponierte Lage zwischen Elbe und Elbhang werden die Maximierung der Durchlässigkeit und eine gleichwertige Haltung des Komplexes in Nord- und Südrichtung zum zentralen Element des Entwurfes. Das Poldergeschoss ist als öffentliches Plateau mit hoher Aufenthaltsqualität definiert. Mit einer spannungsvollen Silhouette und hoher Objektqualität zollen die beiden Solitärbaukörper der Qualität des Standorts Rechnung. Eine Verschlankung zu den Stirnseiten schafft Bezüge zu den Ansichtsbreiten der ‚Perlenkette', verbessert die Proportionen, verkürzt die optische Länge der Längsseiten und sorgt damit für eine größere Vertikalität und Eleganz der Volumen. Die Baukörper werden durch Sonderbereiche in Form von geschosshoch verglasten Einschnitten horizontal getrennt, die die äußere Ablesbarkeit verschiedener Mietungen ermöglicht. Die achtgeschossigen Baukörper orientieren sich in ihrer Höhenentwicklung an dem alten Speichergebäude westlich des Kaispeichers D. Durch die gleichartige Ausbildung und Öffnung der Stirnseiten bzw. Fassaden nach Norden und Süden erhalten die Türme quasi zwei Vorderseiten.
Carsten Roth Architekt, Hamburg

1. Preisrang   **Carsten Roth Architekt, Hamburg**

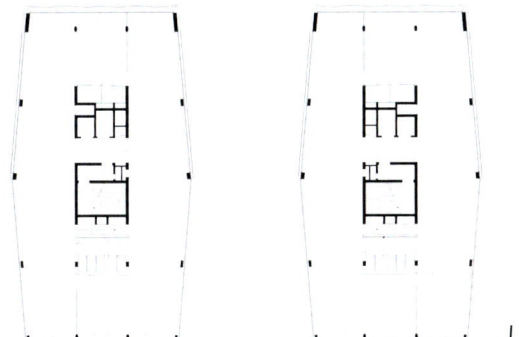

links oben: Konferenzraum mit Blick elbabwärts; links unten: Flur zum Konferenzbereich; rechts oben: Bürofassade zur Elbe; rechts unten: Grundriss Regelgeschoss (links Haus West, rechts Haus Ost). Fotos: Klaus Frahm, Hamburg

Skulptural und doch nicht statisch, monolithisch und doch wandelbar schillernd stehen die Zwillingstürme zeichenhaft als Abschluss der Perlenkette an der Großen Elbstraße. Es geht eine Faszination von diesen Bürogebäuden aus, die sich erst in der Analyse der feinsinnig komponierten Fassade mit ihren von dunkelbronze bis hellgold changierenden, kleinteiligen Edelstahlelementen erschließt. Der Knick in den Längsseiten verändert Licht und Schatten, die Höhenänderung der Fensterbänder, die durchlaufende Wirkung und die irritierenden Natursteinbänder schaffen die homogene Wirkung der Baukörper zum Wasser und zum Land. So entsteht neben der Funktionalität eine Komposition von höchster Qualität.
Die Jury

1. Preisrang   **Carsten Roth Architekt, Hamburg**

links: Fassadendetail mit Elbspiegelung und Fugenbild; rechts oben: Gesamtansicht Richtung Elbe; rechts unten innen: Landseite Richtung Kaispeicher bei Dämmerung; rechts unten außen: Gesamtansicht Süd-West elbaufwärts. Fotos: Klaus Frahm, Hamburg

2. Preisrang

BDA Hamburg Architektur Preis 2010

36 Wohnungsbau am Billebad, Hamburg-Bergedorf
Böge Lindner Architekten, Hamburg
Bauherr: Gemeinnützige Baugenossenschaft Bergedorf-Bille eG, 21029 Hamburg-Bergedorf

40 Haus am Park
splendid_architecture, Hamburg
Bauherr: Familie Strasburger, Hamburg
1. Preis BDA / Die WELT Publikums Architektur Preis 2010

44 Reemtsma Park Ensemble Hamburg
Helmut Riemann Architekten GmbH, Lübeck
Bauherr: GbR Reemtsma Park – vertreten durch: GATOR Beteiligungsgesellschaft mbH, Hamburg

50 Home4 Hamburg
BRT Architekten LLP Bothe Richter Teherani, Hamburg
Bauherr: Home 4 Hamburg GmbH & Co. KG, Hamburg
3. Preis BDA / Die WELT Publikums Architektur Preis 2010

54 Das Oval Am Kaiserkai
ingenhoven architects, Düsseldorf
Bauherr: d.quai GmbH, Hamburg bestehend aus: imetas property services GmbH (Projektentwicklung,
Marketing, Vertrieb, Käufermanagement, Projektsteuerung und Finanzierung); ingenhoven architects (Architektur);
Kai 18 GmbH und Co. KG (Ausschreibung); PRIMUS developments (Projektentwicklung, technische Projektsteuerung)

(Reihenfolge nach Eingangsnummern)

Bauaufgabe: Genossenschaftlicher Neubau eines Mietwohnungsensembles mit 90 Wohneinheiten
Standort: Reetwerder 25 a-f, 21029 Hamburg-Bergedorf
Bauherr: Gemeinnützige Baugenossenschaft Bergedorf-Bille eG, 21029 Hamburg-Bergedorf
Ausführungsplanung / Bauleitung: Neumann + Partner, Hamburg
Landschaftsplanung: H. O. Schoppe + Partner, Hamburg
Tragwerksplanung: Ingenieurbüro Sander, Hamburg
Gebäudetechnik: Planungsgruppe Dröge, Baade, Drescher, Salzgitter
Konstruktion / Material: Decken: Stahlbeton; Wände: Stahlbeton, Mauerwerk, GK-Ständerwände; Fassade: Elementfassade aus Holzfenstern, WDVS auf Außenwänden; Stahlgeländer; Treppenhaus: Betonwerkstein
Baufertigstellung: 04/2008

Wohnungsbau am Billebad, Hamburg-Bergedorf

2. Preisrang   **Böge Lindner Architekten, Hamburg**

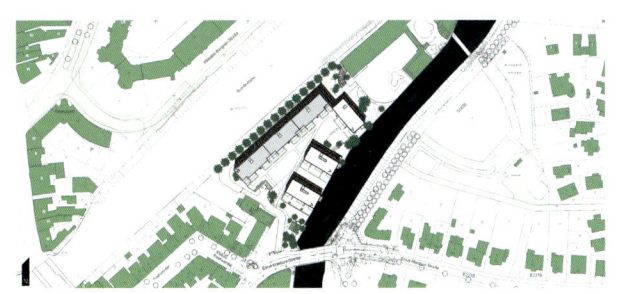

links oben: Häuser am Wasser; links unten: Gartenhof; rechts oben: ‚An de Bill'; rechts unten: Lageplan. Fotos: Klaus Frahm, Hamburg

Das Grundstück hat durch seine Lage am Flusslauf der Bille ein besonderes Flair, allerdings bei gleichzeitiger Lärmbelastung durch den stark befahrenen Bahndamm im Nordwesten.
Eine winkelförmige fünf- bis sechsgeschossige Bebauung mit Orientierung der Wohnungen zum ruhigen Hof bietet einen Schallschutz zum Bahndamm und auch zum Billebad. Zwei senkrecht zur Bille stehende fünfgeschossige Bauten komplettieren das Ensemble und ermöglichen allen Wohnungen eine Teilhabe an der Uferlage. Zwischen den Bauten spannt sich eine großzügige begrünte Angerfläche auf, die zur Erschließung und als Kinderspielplatz genutzt wird. Mit den Mitteln einer modernen Formensprache, wie weißen Putzflächen, dunklen Fensterrahmen und Geländern, wird eine elegante städtische Atmosphäre von hoher Wohnqualität geschaffen. Diese Qualität setzt sich in den anspruchsvollen Grundrissen der Wohnungen sowie in den sorgfältig konzipierten Außenanlagen fort.
Böge Lindner Architekten, Hamburg

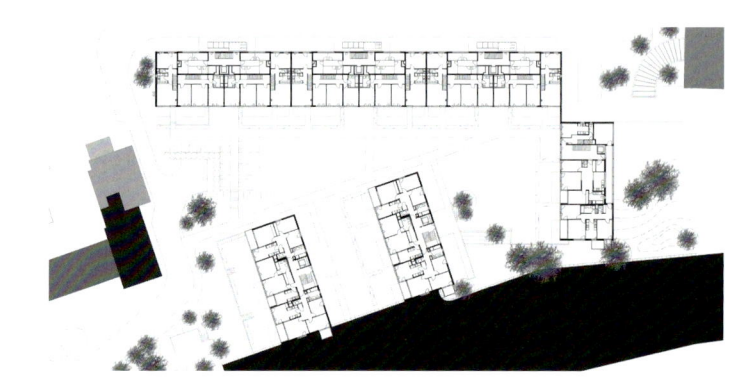

2. Preisrang   **Böge Lindner Architekten, Hamburg**

Die winkelförmige Bebauung ist aus einzelnen fünf- bis sechsgeschossigen Elementen um einen Anger komponiert. In ihrer Durchlässigkeit lässt diese Baukörperkomposition eine Anbindung aller Elemente an den Flusslauf zu. In der Binnengliederung der Geschosse entsteht ein lockerer Wechsel von eingeschossigen Wohnungen mit Maisonette-Wohnungen. Die Spiegelung der Gebäudeköpfe im Wasser und der Erhalt des alten Billebades geben dieser Wohnanlage eine Unverwechselbarkeit, die weniger aus der Architektur als aus dem spezifischen Ort entsteht.
Die Jury

links oben: Grundriss EG; links unten: Grundriss 1. OG; rechts außen: Blick von der Bille; rechts innen: Blick vom Schillerufer. Fotos: Klaus Frahm, Hamburg

Bauaufgabe: Neubau eines Einfamilienhauses
Standort: Hamburg-Blankenese
Bauherr: Familie Strasburger, Hamburg
Außenanlagen: splendid_architecture, Hamburg
Statik: Wetzel & von Seht, Hamburg
Konstruktion / Material: Baukonstruktion: Mauerwerk, Stahlbeton, Pfahlgründung zum Schutz des Baumbestandes; Fassadenverkleidung: Naturstein, Fenster: Holz, Glas
Fertigstellung: 03/2009

Haus am Park

2. Preisrang
1. Preisrang BDA / Die WELT Publikums Architektur Preis 2010   **splendid_architecture, Hamburg**

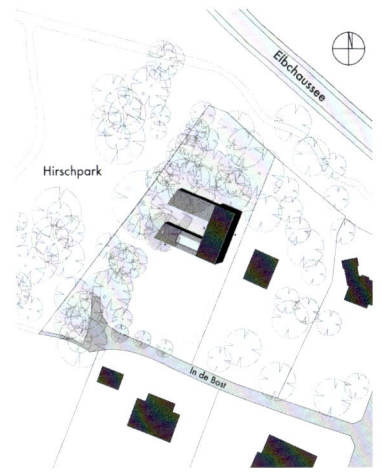

links oben: Innenhof; links unten: Lounge bei Nacht; rechts innen: Südansicht; rechts außen: Lageplan. Fotos: Ralf Buscher, Hamburg

Für diesen besonderen Ort wurde ein moderner Gebäudetypus konzipiert, der typische Merkmale einer Solitärvilla aufgreift und neu interpretiert. Grundlage der Konzeption ist die Integration der Landschaft in die architektonische Ausprägung des Gebäudes. Das Gebäude fügt sich so in den Baumbestand ein, dass dieser komplett erhalten bzw. in das Gebäude eingebunden werden konnte.
Als repräsentativer Bau spannt das Haus in seiner Erscheinung und Nutzung den Bogen zwischen familiärem Leben und nach außen hin offenem Bewusstsein.
splendid_architecture, Hamburg

2. Preisrang
1. Preisrang BDA / Die WELT Publikums Architektur Preis 2010   **splendid_architecture, Hamburg**

Dies ist der Typ eines in der Gegenwart selten gewordenen, großzügig angelegten, repräsentativen Wohnhauses. In einer bravourösen Geste wird die parkartige Umgebung mit eingefasst, Bäume aus dem Park werden in den Hof integriert, fast spielerisch wird die umgebende Baumkulisse in die große Raumklammer des Wohnhauses aufgenommen. Die Raumfolge im Inneren kann das Versprechen, das das Haus in seiner äußeren Erscheinung zu geben scheint, durchaus einlösen, es wirkt großzügig und gastlich, ohne dass es seinen privaten Charakter aufgibt.
Die Jury

links oben: Südansicht bei Nacht; links unten: Innenhof bei Nacht; rechts oben: Lounge; rechts unten: Galerie – Blick in den Innenhof. Fotos: Ralf Buscher, Hamburg

Bauaufgaben: a) Sanierung und Umbau des ehem. Wohnhauses der Familie Reemtsma zu 1-2 repräsentativen Gewerbeeinheiten; b) Umbau der ehem. Verwaltungsgebäude der Fa. Reemtsma zu Wohnhäusern mit insgesamt 35 frei finanzierten Mietwohnungen; c) Neubau von 19 frei finanzierten Mietwohnungen in 5 Häusern

Standorte: a) Parkstraße 51; b) Parkstraße 53, 55, 57; c) Parkstraße 59/63 und Klein Flottbeker Weg 89 d-f, 22605 Hamburg-Othmarschen

Bauherr: GbR Reemtsma Park – vertreten durch: GATOR Beteiligungsgesellschaft mbH, Hamburg

Landschaftsplanung: WES & Partner Schatz – Betz – Kaschke – Krafft Landschaftsarchitekten, Hamburg

Tragwerksplanung: Wetzel & von Seht Ingenieurbüro für Bauwesen, Hamburg

Haustechnik: Heinze Stockfisch Grabis + Partner, Hamburg

Akustik und Thermische Bauphysik: Taubert und Ruhe GmbH, Halstenbek

Bauleitung: Schnittger Architekten + Partner, Kiel

Konstruktion / Material: a) Massivbau, Stahlbeton, Mauerwerk, Hohlziegeldecken; Fassade: Glasierte Steingutfliesen; Dächer (Neu): Kupfer; Fenster: Bronze, Aluminium; b) Stahlbetonskelett; Fassade: Klinker (Gail), Auerkalkstein; Fenster: Mahagoni; Balkone und Terrassen: Stahl und Teakholz; Bodenbeläge: Eiche- und Jatobaparkett; c) Massivbau, Stahlbeton, Mauerwerk; Fassade: Kehlheimer Auerkalkstein bzw. roter Vormauerziegel; Fenster: Mahagoni; Terrassen: chin. Granit; Bodenbeläge: Eiche geölt

Baufertigstellung: a) 06/2009; b) 08/2008; c) 08/2009

Reemtsma Park Ensemble Hamburg

2. Preisrang   Helmut Riemann Architekten GmbH, Lübeck

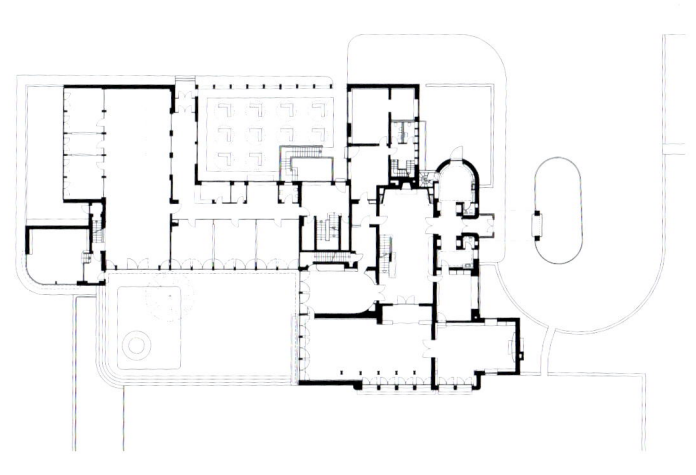

Sanierung und Umbau der Reemtsma-Villa

1932: Errichtung des „Hauses K. (Kreetkamp) in O. (Othmarschen)" durch Martin Elsaesser für Philipp F. Reemtsma im Stil der Moderne als kubischer Baukörper mit Fassadenverkleidung aus Keramik, Fenstern aus Bronze, z.T. komplett im Boden versenkbar, mit einem von Leberecht Migge gestalteten Park.

1939/40: Umbau des Hauses im Auftrag Reemtsmas durch Elsaesser als konservative Veränderung im Stil der NS-Zeit (u.a. Holzeinbauten und -vertäfelungen, Kamine, schmiedeeiserne Gitter, Sandsteinportikus).

1953–1954: Umbau zum Verwaltungsgebäude durch Godber Nissen.

2008: Sanierung und Umbau der Villa zu Bürozwecken durch H. Riemann, alle Phasen ihrer Baugeschichte ihrer Bedeutung nach widerspiegelnd; umfangreiche restauratorische Arbeiten: Wiederherstellung originaler Oberflächen und Details (Halle: Wandflächen Stuckmarmor; Fenster Messing und Edelstahl; Esszimmer: Blattgolddecke; Schlaftrakt: Holzoberflächen der Einbauten, Rekonstruktion von Leuchten etc.).

Helmut Riemann Architekten, Lübeck

Sanierung Reemtsma-Villa: links oben: Reemtsma-Villa, Eingangshalle mit Eichenvertäfelung von 1938; links unten: Reemtsma-Villa, Eingangshalle mit freigelegten Wänden und Decke; rechts oben: Reemtsma-Villa, Ostfassade; rechts unten: Reemtsma Villa, Grundriss EG. Fotos: Klaus Frahm, Hamburg

Umbau der ehemaligen Verwaltungsgebäude zu Wohnzwecken

1952–1954: Errichtung dreier differenziert gestalteter Baukörper mit gläsernen Verbindungsbauten (Eingangsbau (Haus A), Vorstandsbau (Haus B), Bürobau (Haus C)) als Verwaltungsgebäude der Fa. Reemtsma durch Godber Nissen im Park des ehemaligen Wohnhauses (Reemtsma-Villa).
2004: Wettbewerb zum Umbau der Verwaltungsgebäude (Baudenkmale) in Wohnhäuser: Freistellung der drei Gebäude durch Entfernen der Verbindungsbauten; weitestgehender Erhalt der Fassaden (Klinker, Kalkstein) samt originaler Fenster (Teak); Wiederverwendung aller originalen Innentüren (Mahagoni); Haus A (zweigeschossig): ca. 200 m² große Maisonettes als „Reihenhäuser" für Familien mit jeweils eigenem Eingang (Wohnen und Essen im Erdgeschoss, Schlafen bzw. Arbeiten im Obergeschoss). Haus B (mit „Staffelgeschoss"): drei neue Treppenhäuser als vorspringende Baukörper auf der Nordseite, innen verschiedenfarbig gestaltet (Geschosswohnungen mit Wohnräumen und sog. „Family-Rooms" (Essküchen nach amerikanischem Vorbild) nach Süden, Schlaftrakt nach Norden).
Haus C: große Wohnungen, z.T. koppelbar mit Apartments (Betreuung, Au-pair).
Helmut Riemann Architekten, Lübeck

2. Preisrang   **Helmut Riemann Architekten GmbH, Lübeck**

Umbau Verwaltungsgebäude: links: Haus B, neues Treppenhaus, Nordfassade; rechts oben: Haus A, Nordfassade; rechts unten innen: Übergang Haus B – Haus C, im Hintergrund Neubau N 2 a; rechts unten außen: Lageplan, WES & Partner Schatz – Betz – Kaschke – Krafft Landschaftsarchitekten, Hamburg. Fotos: Klaus Frahm, Hamburg

Neubau von fünf Wohngebäuden
Fünf Neubauten ergänzen den Park zu einem „Wohnpark" und nehmen in ihrer Gestalt und Materialität engen Bezug zum jeweiligen gebauten Kontext und zum Park, der „aufgeräumt" und durchlässiger gestaltet wurde. Dem Haus S 1 liegt der Park zu Füßen; die prägnante Rundung und Gestaltung der Terrassen antworten auf die benachbarte Reemtsma-Villa. Haus S 3 steht in „Schlüsselposition" zwischen nördlichem und südlichem Parkteil. Die Nachbarschaft zu den Denkmälern (Haus C und Reemtsma-Villa) und die Sichtbeziehung zu den neuen Wohnhäusern im nördlichen Areal waren bestimmend für die Gestaltung. Bei den Häusern im nördlichen Parkteil (N 1, N 2 und N 4) galt es, allen Wohnungen bestmögliche Orientierung zum Park und das ungestörte Nutzen der Außenräume (Terrassen, Balkone) zu ermöglichen. Die daraus resultierende Schichtung von Wandscheiben (roter Klinker) und Balkonplatten (Auerkalkstein) bestimmt das Gestaltungsbild dieser Baukörper.
Helmut Riemann Architekten, Lübeck

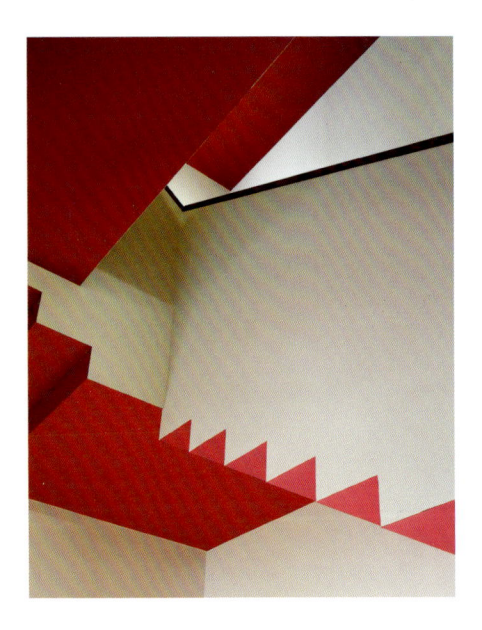

2. Preisrang   **Helmut Riemann Architekten GmbH, Lübeck**

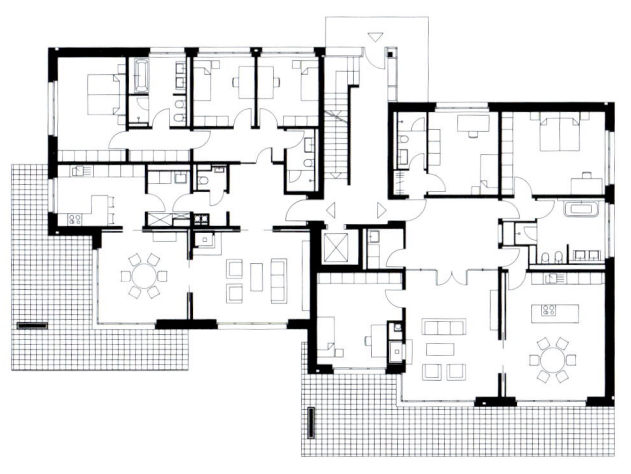

Die Nutzungsänderung eines Areales mit Verwaltungsbauten und Industriellenvilla zu einem großzügigen Wohnquartier ist im Falle des Reemtsma-Parkes außerordentlich gut gelungen. Durch die sparsame Verdichtung mit gut platzierten Neubauten wird der Charakter des Parkes erhalten und gleichzeitig eine Verbindung historisch bedeutender und neuer Architektur erreicht. Sowohl die sensible Sanierung der Industriellenvilla Martin Elsaessers von 1932 wie auch insbesondere die Transformation der Verwaltungsbauten von Godber Nissen aus den Jahren 1952–1954 in Wohnungen weisen eine selten zu findende Qualität auf.
Die Jury

Wohnungsneubau: links oben: Haus S 1, Fassade Süd-West; links unten: Haus N 2 a, Treppenhaus, Untersicht; rechts oben: Haus N 2 a, Südfassade; rechts unten: Haus N 2 a, Grundriss EG. Fotos: Klaus Frahm, Hamburg

Bauaufgabe: Neubau Wohn- und Geschäftshaus
Standort: Am Kaiserkai 26/28, 20457 Hamburg-HafenCity
Bauherr: Home4 Hamburg GmbH & Co. KG, Hamburg
Tragwerksplanung: IDK Dipl.-Ing. D. Kleinjohann VBI, Köln
Haustechnik: REESE beratende Ingenieure VDI, Hamburg
Brandschutz: Lorsbach + Hammer BrandschutzConsult GmbH, Solingen
Konstruktion / Material: Stahlbeton, Holz-Pfosten-Riegel-Fassade
Baufertigstellung: 12/2008

Home4 Hamburg

2. Preisrang
3. Preisrang BDA / Die WELT Publikums Architektur Preis 2010

BRT Architekten LLP Bothe Richter Teherani, Hamburg

links oben: Ansicht von Südwesten; links unten: Detail Fassade; rechts oben: Ansicht von Norden; rechts unten: Lageplan. Fotos: Jörg Hempel, Aachen

Home4 ist die Zukunft des Wohnens
Von BRT wurde ein innovatives Wohnprodukt entwickelt, das den Traum vom Eigenheim, einer individuellen Adresse, persönlich gestaltbarer Wohnräume und einem entsprechenden Garten im städtischen Kontext modern interpretiert und somit einen Beitrag liefert, der fortschreitenden Zersiedelung der Landschaft entgegenzuwirken: Das Produkt bietet als Synthese zwischen Effizienz und Individualität mit seiner leistungsfähigen Struktur eine Alternative zum gewöhnlichen Geschosswohnungsbau und eine Antwort auf die Nachfrage nach qualitativ hochwertigem und bezahlbarem Wohnraum im urbanen Kontext.

Konzept: Jedes Haus ist anders
Home4 ist kein Baukasten für Fertighäuser, sondern das Produkt eines von BRT entwickelten, offenen Bausystems, welches an jedem Standort individuell und in enger Zusammenarbeit mit der Stadt abgestimmt und den konkreten Bedürfnissen der Nutzer angepasst wird. Der Nutzer entscheidet nach seinen individuellen Bedürfnissen und dem ihm zur Verfügung stehenden Budget. Bei aller Individualität haben jedoch alle Wohnungstypen eines gemeinsam: Lichtdurchflutete Räume mit Höhen von mindestens 2,80 Meter, eine geschosshohe Verglasung mit großformatigen Terrassentüren, die den Übergang vom Innenraum zum großzügigen privaten Außenraum fließend werden lassen.
BRT Architekten LLP, Hamburg

2. Preisrang
3. Preisrang BDA / Die WELT Publikums Architektur Preis 2010   **BRT Architekten LLP Bothe Richter Teherani, Hamburg**

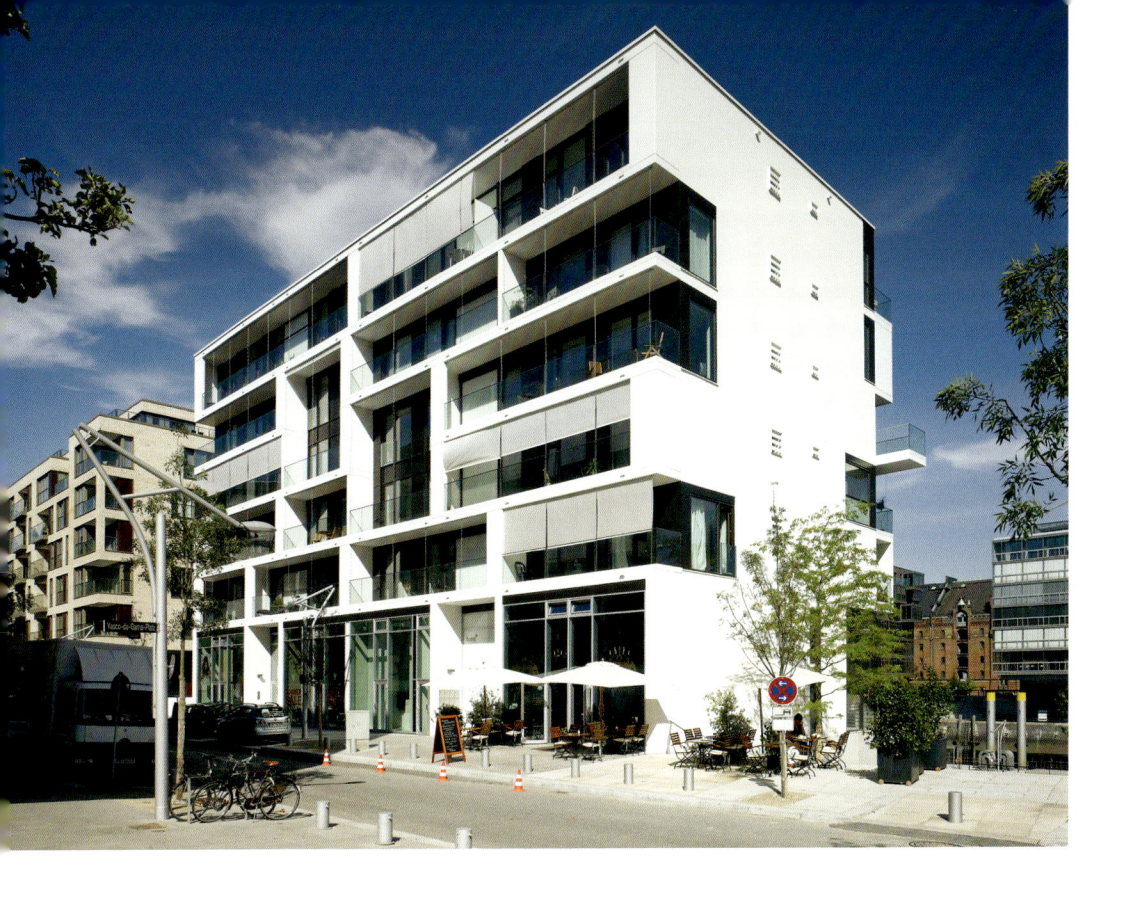

Das Konzept eines verdichteten innerstädtischen Wohnens mit individuell anpassbaren Raumkonzeptionen ist im Fall von Home4 aufgegangen. Das „Tetrishaus" stapelt unterschiedliche horizontale und vertikale Räume, die sich zu individuell veränderbaren Wohnformen zusammenschließen lassen und dieses auch im Fassadenbild zeigen. So schließt eine kompakte Gemeinschaft die Individualität der einzelnen Nutzer nicht aus, sondern erhebt beide Ansätze zu einem spannungsvollen Miteinander. Den Erfolg dieses schon mehrfach gebauten Prinzips zeigt auch das Hamburger Home4-Gebäude in der HafenCity.
Die Jury

links oben: Maisonette; links unten: Blick in die Küche; rechts oben: Ansicht von Südosten; rechts unten: Nordfassade. Fotos: Jörg Hempel, Aachen

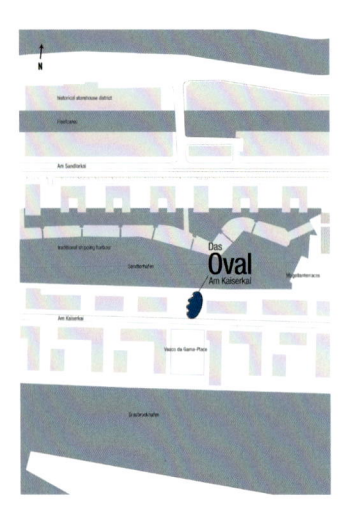

Bauaufgabe: Eigentumswohnungsbau mit ca. 3.100 qm Wohnfläche mit 30 WE und 34 TG-Plätzen
Standort: Am Kaiserkai 12, 20457 Hamburg-HafenCity
Bauherr: d.quai GmbH, Hamburg bestehend aus: imetas property services GmbH (Projektentwicklung, Marketing, Vertrieb, Käufermanagement, Projektsteuerung und Finanzierung); ingenhoven architects (Architektur); Kai 18 GmbH und Co. KG (Ausschreibung); PRIMUS developments (Projektentwicklung, technische Projektsteuerung)
Bauüberwachung: Diete + Siepmann Ingenieursgesellschaft mbH, Kaarst
Bauphysik: DS-Plan, Hamburg
Projektsteuerung: Möser Projekt GbR, Düsseldorf
Haustechnik: Pinck Ingenieure Consulting GmbH, Hamburg
Tragwerksplanung: Wetzel & von Seth, Hamburg
Konstruktion / Material: Stahlbeton (Decke und Wände), Pfosten-Riegel-Fassade (Westseite), hinterlüftete Glasvorhangfassade (Ostseite), KAL-ZIP-Dachdeckung
Fertigstellung: 09/2008

Das Oval Am Kaiserkai

2. Preisrang   ingenhoven architects, Düsseldorf

links außen: Lageplan; links innen: Westseite Oval, Detailaufnahme der Balkone; rechts oben: Das Oval am Kaiserkai; rechts unten: Blick vom Wasser aus, Ansicht Süd. Fotos: Götz Wrage, Hamburg

Am schönsten ist es bei Nacht. Einem kristallinen Leuchtturm gleich überstrahlt dann das Oval am Kaiserkai seine Nachbarn. Dem Spaziergänger, der, aus Hamburgs engen Altstadtgassen kommend, den Weg zur HafenCity sucht, weist das gläserne Hochhaus schon von Weitem den Weg. Hinter den altertümlichen Zwiebeltürmchen und Erkern der historischen Speicherstadt leuchtet das über 40 Meter hohe Oval weiß-grün schillernd hervor. Seine perforierte, spiegelnde Oberfläche wird vom schwarzen Wasser des Kaiserkais reflektiert. Inmitten des hanseatischen Backstein-Understatements stellt das elfgeschossige Oval selbstbewusst seinen Star-Appeal zur Schau. Das Oval am Kaiserkai ist der glamouröse Solitär unter den Neubauten der westlichen HafenCity. Es schwebt auf fünf Meter hohen Betonstützen, die an Haifischflossen erinnern, frei über einer großzügigen Terrasse, deren Treppen hinab zu den Bootsanlegern des Traditionsschiffhafens führen. In seiner transparenten, leichtfüßigen Eleganz zeigt es die typische Handschrift des Düsseldorfer Architekten Christoph Ingenhoven und bildet auch städtebaulich einen reizvollen Kontrast zur Bodenständigkeit seiner kubischen Nachbarn.
Britta Nagel, Journalistin

2. Preisrang   **ingenhoven architects, Düsseldorf**

Der ovale, 40 Meter hohe Bau schiebt sich selbstbewusst und den Ort prägend aus der Reihe der anschließenden Wohngebäude hervor. Diesem Anspruch werden die leichte, gläserne Ausbildung der zehn Obergeschosse wie auch die sehr gelungene Konzeption des überhöhten Erdgeschosses durchaus gerecht. Konische schmale Stützscheiben ermöglichen eine öffentliche Nutzung der fußläufigen Zone, und eine geschwungene Fassade erlaubt den Wohnungen einen spannungsvollen Wechsel von Innen und Außen mit fantastischen weiten Blickbeziehungen in die HafenCity.
Die Jury

links oben: Innenansicht Oval; links unten: Blick von der Speicherstadt; rechts oben: Ostseite Oval, Detailaufnahme der Fassade; rechts unten: Abendstimmung – Blick von den Magellan-Terrassen. Fotos: Götz Wrage, Hamburg

3. Preisrang

BDA Hamburg Architektur Preis 2010

60 Home.Haus – Kinder- und Jugendhaus in Bergedorf
    J. MAYER H. Architekten mit Sebastian Finckh, Berlin
    Bauherr: Stiftung „Unternehmer Helfen Kindern" c/o COGITON GmbH, Vorstand: Andreas Barke, Hamburg

62 UKE Universitätsklinikum Hamburg-Eppendorf
    Nickl & Partner Architekten AG, München
    Bauherr: Universitätsklinikum Hamburg-Eppendorf, Projektleitung UKE Masterplan

64 Katharinenschule in der HafenCity Hamburg
    Spengler · Wiescholek Freie Architekten und Stadtplaner, Hamburg
    Bauherr: Otto Wulff PPP HafenCity Schule GmbH, Hamburg

66 Wohnquartier Husarenhof Marienthal
    Renner Hainke Wirth Architekten GmbH, Hamburg
    Bauherr: Garbe Husarenhof GmbH, Hamburg

68 Fischershöfe – Hamburg Ottensen
    Carsten Lorenzen APS, Kopenhagen
    Bauherr: Behrendt Wohnungsbau KG (GmbH & Co), Hamburg

70 Brooktorkai – Wohnen und Arbeiten
    Antonio Citterio Patricia Viel and Partners srl., Mailand
    Lokaler Architekt: **HinrichsNicoloviusArchitekten, Hamburg**
    Bauherr: St. Annen Platz GmbH & Co. KG, Oststeinbek
    Projektentwicklung: Quantum Projektentwicklung GmbH, Hamburg; Germanischer Lloyd AG, Hamburg

72 Eppendorfer Centrum
    BRT Architekten LLP Bothe Richter Teherani, Hamburg
    Bauherr: Patron Capital Limited, London

74 Büro- und Geschäftshaus Hohe Bleichen 11
    gmp – Architekten von Gerkan, Marg und Partner, Hamburg
    Bauherr: IKB Grundstücks GmbH & Co. Objekt Hamburg KG, Düsseldorf

76 Wohnen im Brahmsquartier
    Carsten Roth Architekt, Hamburg
    Bauherr: Aug. Prien Immobilien, Gesellschaft für Projektentwicklung mbH, Hamburg

(Reihenfolge nach Eingangsnummern)

Bauaufgabe: Neubau eines Gebäudes für
betreutes Wohnen für Kinder und Jugendliche
Bauherr: Stiftung „Unternehmer Helfen Kindern"
c/o COGITON GmbH, Vorstand: Andreas Barke, Hamburg
Nutzer: Städtischer „Landesbetrieb Erziehung und
Berufsbildung" (LEB), Hamburg
Projektteam: J. Mayer H. mit Sebastian Finckh
(Projektarchitekt), Marcus Blum
Vor-Ort-Architekt: Arch 3, Dirk Reinisch, Berlin
Tragwerksplanung: WTM Engineers, Hamburg
Brandschutz: HAHN Consult, Hamburg
Haustechnik: Energiehaus Ingenieure, Hamburg
Freiraumplanung: Breimann & Bruun, Hamburg
Fertigstellung: 10/2008

Home.Haus – Kinder- und Jugendhaus in Bergedorf

3. Preisrang   J. MAYER H. Architekten mit Sebastian Finckh, Berlin

Auf einem am Waldrand liegenden Grundstück ist nach knapp elfmonatiger Bauzeit ein Haus für eine betreute Wohngemeinschaft von Kindern und Jugendlichen in Hamburg fertiggestellt worden. Das frei stehende Gebäude ist ein klarer, kompakter Baukörper, der seine äußere Charakteristik durch die reliefartige und zweifarbig gestaltete Fassade erhält. Ein zentraler Treppenraum dient als Begegnungs- und Kommunikationsbereich der jungen Bewohner.
J. Mayer H. Architekten, Berlin

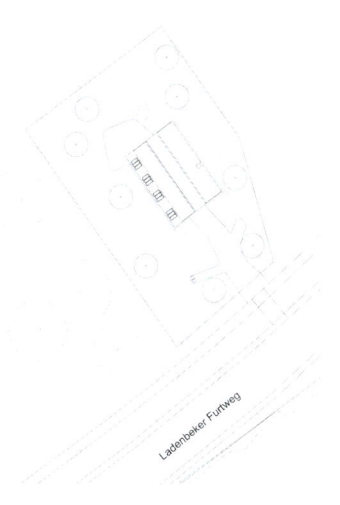

Diese Arbeit wird mit einem Preis ausgezeichnet, da hier mit der in fast allen Arbeiten des Preises mehr oder weniger latent vorhandenen Technik der Verkleidungsarchitektur in sehr offener und provokant-kreativer Form umgegangen wird. Hier wird nicht mit einer dünnen Schale ein tektonisches Gerüst vorgetäuscht, sondern eine Architektur zwischen Skulptur und Design versucht, die ganz aus der Konstitution der Außenhaut entwickelt ist. Aus zweidimensionaler Komposition und reliefartiger Schichtung entsteht ein eindrückliches und zeichenhaftes Gehäuse für eine sehr einfache Innenstruktur. Ob dieses Spiel mit den konventionellen Vorstellungen von Häusern und Häuslichkeit im Kontext der Nutzung des Hauses angemessen ist, bleibt in der Diskussion der Jury eine offene Frage.
Die Jury

links oben: Treppenverlauf; **links unten:** Längsschnitt CC und Ansicht Südwest; **rechts oben:** Perspektive; **rechts unten:** Lageplan. Fotos: Dirk Fellenberg, Hamburg

Bauaufgabe: Neubau des Universitätsklinikums mit 650 Betten und 17 Operationssälen in Hamburg-Eppendorf
Standort: Universitätsklinikum Hamburg-Eppendorf, Martinistraße 52, 20245 Hamburg
Bauherr: Universitätsklinikum Hamburg-Eppendorf, Projektleitung UKE Masterplan
Entwurfsverfasser: Prof. Christine Nickl-Weller, Prof. Hans Nickl
Tragwerksplanung: Krebs und Kiefer Beratende Ingenieure GmbH, Darmstadt
Technischer Ausbau: Ebert-Ingenieure GmbH, Nürnberg
Medizinplanung: Hermed GmbH, Kirchheimbolanden
Landschaftsarchitekt: Kluska Landschaftsarchitekt BDLA DWB, München
Konstruktion / Material: Stahlbeton-Skelettbau mit Klinker-Vorhangfassade an den Außenfassaden sowie Pfosten-Riegel-Fassaden in den Innenhöfen
Baufertigstellung: 12/2008

UKE Universitätsklinikum Hamburg-Eppendorf

3. Preisrang   Nickl & Partner Architekten AG, München

Das neue Klinikum ist geprägt von klar definierten städtebaulichen Strukturen und besinnt sich auf das historische Parkkrankenhaus. Seine innere Struktur findet, ermöglicht durch die konsequente Trennung der funktionalen Wege, die Balance zwischen rationellen Vorgaben und angenehmer Atmosphäre. Im zweigeschossigen Basement befinden sich, ungestört vom Besucherverkehr, Behandlungsbereiche, während ein Boulevard mit Läden und Café im zweiten Obergeschoss den drei Ebenen der Bettenstationen vorgeschaltet ist.
Nickl & Partner Architekten AG, München

Dieses Projekt wird gewürdigt, da es hier gelungen zu sein scheint, die extrem komplexen und hochfunktionalen Strukturen von Operationssälen, Laboratorien, technischen Funktionsräumen, Polikliniken, Notaufnahmen etc. mit einem einfachen, dem menschlichen Maß angemessenen Bettentrakt so zu kombinieren, dass nicht nur ein effizientes Gebilde mit kurzen Wegen und optimiertem Facility Management entstanden ist, sondern auch ein Baukörper, der trotz seiner Größe noch gut in die städtische Struktur des Umfelds integriert werden kann. Krankenhausarchitektur muss sich immer im Spannungsfeld zwischen den Erwartungen an eine quasi häusliche Umgebung für die Patienten und der quasi industriellen Welt moderner Medizintechnik wiederfinden. Darüber hinaus sind die Aufwendungen vor allem im Betrieb eines solchen Hauses inzwischen ein wesentlicher Faktor, der entscheidend sein kann, wenn es darum geht, moderne Therapien für alle Bevölkerungsschichten offenzuhalten. In diesem komplexen und widersprüchlichen Aufgabenfeld bietet dieses Gebäude einen entscheidenden Beitrag, der die internationale Diskussion um das Krankenhaus der Zukunft bereichern wird.
Die Jury

links oben: Blick in die Empfangshalle; links unten: Lageplan; rechts oben: Blick zum Haupteingang; rechts unten: Detail der Innenhoffassade. Fotos: Stefan Müller-Naumann, München

Bauaufgabe: Neubau einer 3-zügigen Grundschule mit einer Kindertagesstätte sowie frei finanziertem Wohnungsbau mit 30 Mietwohnungen
Standort: Am Dalmannkai 12-18, 20457 Hamburg-HafenCity
Bauherr: Otto Wulff PPP HafenCity Schule GmbH, Hamburg
Garten- und Landschaftsarchitekten: Hunck + Lorenz Freiraumplanung Landschaftsarchitekten BDLA, Hamburg
Nachhaltiges Bauen (Goldzertifizierung): Technisches Büro der Otto Wulff Bauunternehmung, Hamburg
Statik: Otto Wulff Bauunternehmung GmbH & Co. KG, Hamburg
Brandschutz: Ingenieurgesellschaft Hahn Consult, Hamburg
Haustechnik: Ingenieurbüro Sommer, Solingen
Konstruktion / Material: Massivbauweise in Stahlbeton mit Ziegelfassade, Holzfenstern, Stahl-Glas-Fassaden im Erdgeschoss und dem Lichthof und vorgehängter Fassade aus Schichtstoffplatten beim Wohnungsbau
Baufertigstellung: 05/2009

Katharinenschule in der HafenCity Hamburg

3. Preisrang   **Spengler · Wiescholek Freie Architekten und Stadtplaner, Hamburg**

SchuleWohnhausKita, ein hybrides Gebilde in der Hamburger HafenCity: Nutzungsmischung, Mehrfachnutzung und Synergien sind ein wichtiges Instrument auf dem Weg zur Stadt der Zukunft mit urbanen und lebendigen Quartieren. Die Schule, deren Schulhof unkonventionell aufs Dach verlegt wurde, ist Teil eines Ensembles am Sandtorpark inmitten eines dichten Stadtquartiers. Das Gebäudeensemble wurde nach dem HafenCity-Umweltzeichen der Kategorie Gold zertifiziert, welches für besonders nachhaltige und ressourcensparende Bauvorhaben vergeben wird. Darüber hinaus erfüllen Materialien und Bauweisen beispielhaft die Anforderungen an zukunftsweisende Gebäude im Hinblick auf Wirtschaftlichkeit und Nachhaltigkeit auch in der langfristigen Unterhaltung.
Spengler · Wiescholek Freie Architekten, Hamburg

Die Schule hat eine außergewöhnliche Typologie, die sie von gewohnten Schulbauten deutlich abhebt. Nicht nur, dass sie alle Funktionen einer Schule, wie Klassenräume, Sporthalle und Außenspielflächen, in einen Gesamtbaukörper integriert, sie schafft es darüber hinaus sogar, eine straßenseitige Flanke in Form eines siebengeschossigen Wohnbaus als zweite Nutzung zu integrieren. Trotz einiger kleiner Schwächen, wie einer zu verspielt wirkenden Fassade, kann dieses Bauwerk aufgrund der dort dargestellten Integrierbarkeit einer Schule in einen urbanen Kontext als beispielhaft, ja richtungsweisend für die Entwicklung von hybriden öffentlichen Gebäuden gelten.
Die Jury

links oben innen: Eingangsbereich; Foto: Florian Holzherr, Hamburg; links oben außen: Lageplan genordet; links unten: Treppe; Foto: Florian Holzherr, Hamburg; rechts: Luftbild Schule und Wohnhaus; Foto: Spengler · Wiescholek, Hamburg

Bauaufgabe: Umbau ehemaliger Reitställe zu Wohnungen: 6 Mietwohnungen, 2 Eigentumswohnungen, 11 Stadthäuser (Eigentum); Geschosswohnungsneubau: 40 Mietwohnungen

Standort: Am Husarenhof 9 a-l, Rennbahnstraße 129-145, 22043 Hamburg-Wandsbek

Bauherr: Garbe Husarenhof GmbH, Hamburg

Haustechnik: Ingenieurbüro Otto, Hamburg

Tragwerksplanung: Assmann Beraten + Planen GmbH, Hamburg

Außenanlagen (Altbau): GFP – Grün- und Freiraumplanung, Hamburg

Außenanlagen (Neubau): MSB Landschaftsarchitekten, Hamburg

Brandschutz: ITW Ingenieurbüro Tim Wackermann, Hamburg

Schalltechnik: Lärmkontor GmbH, Hamburg

Vermesser: Bits of Stone – Ingenieurbüro für Architekturvermessung, Hamburg

Konstruktion / Material: Ehemalige Reitställe: Bestandskörper: Klinkerbau mit Kreuzgewölbe, Aufstockung: Holzbau, WDVS-, Tecu-Oxid-Fassade, Sparrendach mit Eternitdeckung, 15° Dachneigung; Wohnungsneubau: Stahlbetonbau, Fassade: WDVS, Bisazza-Fliesen, Flachdach mit Foliendeckung

Baufertigstellung: 10/2009

Wohnquartier Husarenhof Marienthal

3. Preisrang Renner Hainke Wirth Architekten GmbH, Hamburg

Umbau ehemaliger Reitställe zu Wohnungen
Die Reitställe von 1910 unterteilen sich in den Nord-Süd-Flügel, in dem sich zweigeschossige Stadthäuser befinden, und den Ost-West-Flügel an der Rennbahnstraße, in dessen Erdgeschoss Gewerbe und in der Aufstockung sechs Mietwohnungen und eine Praxis liegen.

Geschosswohnungsneubau
Der 5-geschossige Neubau liegt in Verlängerung der ehemaligen Pferdeställe an der Rennbahnstraße. Alle Nebenräume und die Erschließung der 40 Wohnungen sind zur Straße orientiert. Die Wohnräume öffnen sich nach Westen zum ruhigen Innenhof.
Renner Hainke Wirth Architekten GmbH, Hamburg

Aus der Umnutzung historischer Stallanlagen und der Ergänzung durch neue fünfgeschossige Wohnungsbauten ist hier eine sehr angenehme und taugliche Wohnsituation entstanden – mitten in der Stadt. Sowohl Umbau wie Neubau finden in ihrer architektonischen Artikulation zwischen kollektiver Reihung und individuellem Detail eine gekonnte Balance, die diese eher alltägliche Situation über den Durchschnitt erhebt. Dass dabei historische Spuren der Stadt erhalten und nutzbar gemacht wurden, ist ein weiteres Verdienst dieses sehr erfreulichen Projektes.
Die Jury

links außen: Lageplan; links innen: Ansicht Quartiersplatz; Foto: Burkhard Katz, Hamburg; links unten: Innenraum Altbau, Foto: Kerstin Still, Hamburg; rechts unten: Ansicht Rennbahnstraße, Foto: Burkhard Katz, Hamburg

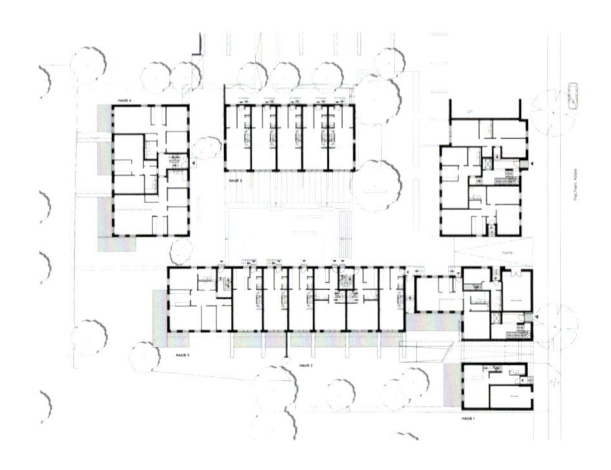

Bauaufgabe: Frei finanzierter Wohnungsbau mit einem breit gefächerten Angebot an Eigentumswohnungen, Stadthäusern und Maisonettes. 52 WE und 2-geschossige Tiefgarage, untere separate Ebene als Quartiersgarage
Standort: Fischers Allee 49, 22763 Hamburg-Ottensen
Bauherr: Behrendt Wohnungsbau KG (GmbH & Co), Hamburg
Projektteam: Alexandra Lorenz, Herbert Neumann, Aline Wagner, Johannes Wiencke; für Behrendt Wohnungsbau: Beate Cario
Freianlagenplanung: Entwurf: Lorenzen APS, Kopenhagen; Ausführungsplanung: Julius C. Andresen Hamburg
Statik: Ingenieurbüro Hippe, Essen
Haustechnik: Ingenieurbüro Reese, Hamburg
Konstruktion / Material: Konventionelle Bauweise (Mauerwerk / Stahlbeton); Fassade: Ziegelverblendmauerwerk Petersen Tegl D78
Baufertigstellung: 09/2008

Fischershöfe – Hamburg Ottensen

3. Preisrang   Carsten Lorenzen APS, Kopenhagen

Mit den Fischers Höfen wird die Fläche einer ehemaligen Fabrik in Ottensen städtebaulich neu geordnet. Nach außen führt das Ensemble die geschlossene Bebauung der Fischers Allee fort. Innen liegt eine geschützte halb öffentliche Hofgemeinschaft mit Bereichen für Kinderspiel, Kommunikation und Aufenthalt. Die Stimmung der „italienisch" anmutenden und angenehm kompakten Räume wird unterstrichen durch den hochwertigen Ziegel, die schmalen, bodentiefen Fenster und die geschwungenen Brüstungsgitter.
Carsten Lorenzen APS, Kopenhagen

Das ehemals gewerblich genutzte Areal erhält durch die neue homogene Struktur einen eigenen, wohngebietstypischen Charakter. Die enge Bebauung Ottensens wird straßenbegleitend fortgeführt und erweitert sich in den Blockinnenbereich zu einem verdichteten Wohnen, das trotz weniger Elemente und Materialien spannungsvolle Räume und individuellen Ausdruck schafft. Gerade hierin liegt die Qualität des neuen Wohnquartieres, das zwischen Individualität und Gemeinschaft einen ruhigen Ausgleich und damit ein unangestrengtes Miteinander der Bewohner ermöglicht.
Die Jury

links außen: Lageplan; links innen: Detail Straßenansicht; rechts oben: Spielhof von oben; rechts unten: Materialität, Detail Hof. Fotos: Oliver Heissner, Hamburg

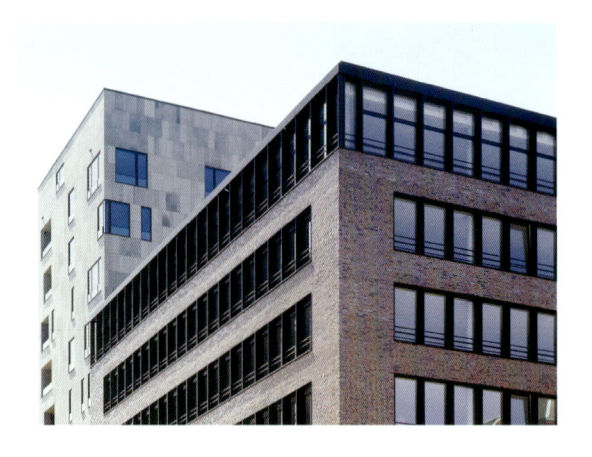

Bauaufgabe: 26 frei finanzierte Eigentumswohnungen, 12 flexibel zusammenlegbare Büroeinheiten, zwei Gastronomieeinheiten, eine Ladenfläche und eine gemeinsam zu nutzende Tiefgarage
Standort: Brooktorkai 22 und Poggenmühle 5, 20457 Hamburg-HafenCity
Bauherr: St. Annen Platz GmbH & Co. KG, Oststeinbek
Projektentwicklung: Quantum Projektentwicklung GmbH, Hamburg; Germanischer Lloyd AG, Hamburg
Projektleitung: Florian Thorwart
Projektteam: Fabrizio Ferranti, Christoph Millotat, Claudio Raviolo, Enrico Pellegrini
Lokaler Architekt: HinrichsNicoloviusArchitekten, Hamburg
Statik: WTM Ingenieure Dr. Steffens, Hamburg
Gebäudetechnik: JMP / ibb Burrer & Deuring Ingenieurbüro, Ludwigsburg
Brandschutz: ITW Wackermann Brandschutz, Hamburg
Konstruktion / Material: Stahlbetonkonstruktion, Fassade Bürogebäude Klinker, Fassade Wohnturm Naturstein
Baufertigstellung: 03/2010

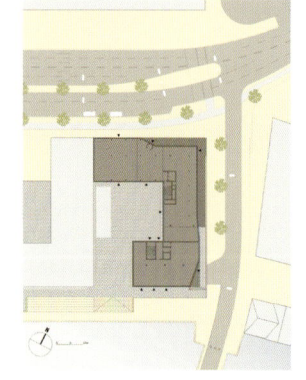

Brooktorkai – Wohnen und Arbeiten

3. Preisrang   Antonio Citterio Patricia Viel and Partners srl., Mailand

Das Projekt Brooktorkai verbindet an herausragender Position in der HafenCity Wohnen und Arbeiten mit Gastronomie und Geschäftsnutzung in zwei charakteristischen Baukörpern, die sich durch ein gläsernes Band und eine öffentliche Arkade im Erdgeschoss zum Stadtraum öffnen. Von den Wohnräumen richtet sich der Blick auf das Wasser und auf den schräg gegenüber entstehenden Lohse-Park. Die Büronutzung ist zur innerstädtischen Seite des Brooktorkais orientiert. Die zurückhaltende Detaillierung und die Materialien des Gebäudes – sandgestrahlter Naturstein, natürlicher Klinker aus Kohlebrand und der warme Bronzeton der Metall-Lisenen – lassen gemeinsam seinen eleganten und einladenden Charakter entstehen.
Antonio Citterio Patricia Viel and Partners, Mailand

Die vorbildliche Verbindung von Wohnen und Arbeiten im dichten städtischen Kontext wird hier durch zwei recht unterschiedliche Gebäude vorgestellt, die in enger Kombination konzipiert wurden. Die Jury hält vor allem das Hochhaus für einen preiswürdigen Beitrag zur Architektur der entstehenden HafenCity. Die Wahl der Fassadenmaterialien, die Balance von Wand und Öffnung in den Ansichten und das Spiel mit Tiefe, Massivität und Flächenhaftigkeit im Fassadenaufbau machen dieses Bauvolumen zu einem faszinierenden Gebilde, das große Eigenständigkeit und diskrete Zeichenhaftigkeit besitzt.
Die Jury

links oben außen: Gebäudeecke Brooktorkai / Poggenmühle; links oben innen: Fassadenansicht am Ericusfleet; links unten: Lageplan; rechts: Einblick in den Innenhof. Fotos: Klaus Frahm, Hamburg

Bauaufgabe: Neubau eines Büro- und Geschäftshauses
Standort: Kümmellstraße 6, 20249 Hamburg-Eppendorf
Bauherr: Patron Capital Limited, London
Tragwerksplanung: Ingenieurbüro Dr. Binnewies, Hamburg
Haustechnik: Ingenieurgesellschaft Ridder & Meyn mbH, Hamburg
Brandschutz: Ingenieurbüro T. Wackermann, Hamburg
Bauphysik: Genest und Partner, Dresden
Konstruktion / Material: Stahlbeton, Glas-Aluminium-Fassaden
Baufertigstellung: 12/2008

Eppendorfer Centrum

3. Preisrang   BRT Architekten LLP Bothe Richter Teherani, Hamburg

Die Aufgabenstellung ging über den Neubau für das Technische Rathaus weit hinaus. Die gesamte Platzsituation sowie das unmittelbar angrenzende, denkmalgeschützte ehemalige Karstadt-Gebäude aus dem Jahr 1950 wurden einbezogen. Der Neubau greift die Dynamik und Formensprache des historischen Kaufhauses auf, um in einem unmittelbaren Übergang von Alt und Neu eine städtebaulich und architektonisch schlüssige Platzkante herzustellen, die jedoch in Material und Transparenz eigene, zeitgemäße Akzente setzt. Die unteren drei Geschosse verstehen sich als modernes Pendant zum historischen Nachbarn. Der darüber scheinbar schwebende viergeschossige Dachaufsatz mit schwarzer Reling findet zwischen dem historischen Bau und dem modernen Basisgebäude eine dritte formale Ebene.
BRT Architekten LLP, Hamburg

Der Eppendorfer Platz an der Kümmellstraße wird über zwei Ebenen gefasst. Das Gelenk zu dieser Fassung ist mit einem zweigeschossigen runden Eckraum, der das Café enthält, sehr gut eingebunden, weil er auf beiden Ebenen, der der Straße und der des Platzes, den Blick in denselben Raum und damit in den öffentlichen Raum ermöglicht. Die Kontur des Gebäudes betont die Horizontale und liefert einen weiträumigen überdachten Bereich, der sowohl die Rathausnutzung als auch die kommerzielle Nutzung in einem großen, straßenbegleitenden Bogen einfasst.
Die Jury

links außen: Aufgang 1. OG Technisches Rathaus; links innen: Detail Fassade; rechts oben: Ansicht Platz von Südosten; rechts unten: Lageplan. Fotos: Klaus Frahm, Hamburg

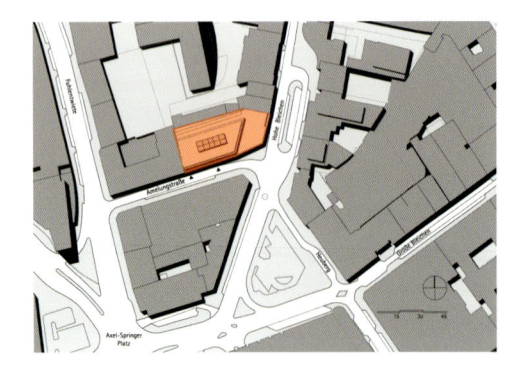

Bauaufgabe: Neubau eines Büro- und Geschäftshauses
Standort: Hohe Bleichen 11, 20354 Hamburg-Neustadt
Bauherr: IKB Grundstücks GmbH & Co. Objekt Hamburg KG, Düsseldorf
Tragwerksplanung: WTM, Hamburg
Haustechnik: Pinck Ingenieure, Hamburg
Lichtplanung: a·g Licht, Bonn
Brandschutz: hhp, Braunschweig
Konstruktion / Material: Stahlbetonskelettbau; Fassade: Aluminium, Glas; Dach: Bitumen; Beläge: Naturstein, Teppich, Fliesen, Linoleum; Sonstiges: Panoramaaufzüge
Baufertigstellung: 05/2009

Büro- und Geschäftshaus Hohe Bleichen 11

3. Preisrang   **gmp – Architekten von Gerkan, Marg und Partner, Hamburg**

Der fünf-, sieben- bis neungeschossige Baukörper geht sensibel auf die Höhenentwicklung seiner Nachbargebäude ein und schließt den Block zu einer städtebaulichen Einheit. Seine besondere Identität definiert sich aus einem zweigeschossigen Höhenversprung und seiner Gebäudestaffelung in der kleingliedrigen Gebäudetypologie der Hohen Bleichen. Drei Gebäudefluchten leiten behutsam das enge Straßenprofil der Amelungstraße in den erweiterten Stadtraum der Hohen Bleichen ein.
gmp, Hamburg

Wohltuend klar und fein strukturiert schließt das Geschäftshaus die Ecke Hohe Bleichen und Amelungstraße. Durch den leichten Knick in der Längsfassade wie auch durch die Staffelung der Dachgeschosse wird ein unaufgeregter und doch selbstbewusster Anschluss an die Nachbargebäude erreicht. Der Rhythmus der zwei Geschosse zusammenfassenden hellen Aluminiumrahmen zeigt eine selbstverständliche Ruhe und wird sinnfällig durch dunkle Profile der Festverglasung sowie nach außen öffenbare helle Metallklappen unterstrichen. So entsteht ein eleganter, einmal nicht mit Ziegel oder Naturstein operierender, städtischer Bau.
Die Jury

links außen: Lageplan; **links innen:** Einfügung in die Höhenentwicklung der Nachbarbebauung; **rechts oben:** Ansicht Hohe Bleichen; **rechts unten:** Blick durch das Atrium. Fotos: Heiner Leiska, Hamburg

Bauaufgabe: Neubau eines innerstädtischen, 8-geschossigen Gebäudeensembles mit solitärem Charakter zur Wohnnutzung mit 54 Wohnungen in Größen zwischen 53 und 118 qm und 4 Gewerbeeinheiten im EG in Größen zwischen 60 und 180 qm
Standort: Kaiser-Wilhelm-Straße, Caffamacherreihe, 20355 Hamburg-Neustadt
Bauherrin: Aug. Prien Immobilien, Gesellschaft für Projektentwicklung mbH, Hamburg
Projektteam: Tim Kettler, Jasmin Daémi, Birte Lattermann
Freiraumplanung: Büro Kiefer, Berlin
Statik: Wetzel & von Seht, Hamburg
Gebäudetechnik: E&T – Energie & Technik Ingenieurdienstleistungen (Entwurf), Sittensen; HSGP – Heinze Stockfisch Grabis + Partner GmbH (Ausführung), Hamburg
Fertigstellung: 02/2009

Wohnen im Brahmsquartier

3. Preisrang   Carsten Roth Architekt, Hamburg

Das Gebäudeensemble vermittelt zwischen der Kleinteiligkeit des Gängeviertels und dem Großmaßstäblichen des benachbarten Bürokomplexes. Durch die Anordnung von zwei Solitären werden Freiräume und Plätze geschaffen. Gebäudekubaturen, Bautiefen und Ausrichtung der Gebäude sind so angelegt, dass mit Rücksicht auf die städtebauliche Dichte kein direktes „Vis-à-Vis" entsteht, sondern ein Höchstmaß an Belichtung und Ausblick für alle Wohnungen gewährleistet wird. Die Wohnungsgrundrisse sind flexibel konzipiert, sodass auf individuelle Bedürfnisse der Nutzer eingegangen werden kann.
Carsten Roth Architekt, Hamburg

Die 8-geschossige Bebauung fügt zwei schlanke Baukörper so nah zusammen, dass sie gleichermaßen als Solitäre wie auch als stadtraumbildende Bausteine wirken. Die Horizontale wird in ihrer Kantenlänge zunächst gestärkt, indem sich die einzelnen Wohnungen jeweils nur über ein Geschoss darstellen. Auf den zweiten Blick sind die Ebenen in ihrem Wechsel aus Steinflächen mit Holzpaneelen und geschosshohen Glaselementen auf angenehme Weise gegliedert, sodass eine für die Wohnnutzung angemessene Individualität entsteht: ein überzeugender Beitrag zum Thema Wohnen in der Innenstadt.
Die Jury

links außen: Grundriss 1. OG; links innen: Blick zur Kaiser-Wilhelm-Straße; rechts oben: Gesamtansicht Brahmsquartier; rechts unten: Sicht zur Caffamacherreihe. Fotos: Klaus Frahm, Hamburg

Würdigung
BDA Hamburg Architektur Preis 2010

80 Büro- und Geschäftshaus Große Bleichen 34
   André Poitiers Architekt Stadtplaner RIBA, Hamburg
   Bauherr: Famos Immobilien GmbH, Korschenbroich

81 Neubau NDR Hörfunk 2. BA
   Schweger Associated Architects, Hamburg
   Bauherr: NDR Norddeutscher Rundfunk Gebäudeplanung, Hamburg

82 Revitalisierung ehemaliges Zollgebäude 3
   Peter Modlich HHLA, Hamburg und Thomas Mau, Kramer Biwer Mau Architekten, Hamburg
   Bauherr: Hamburger Hafen und Logistik AG, Hamburg

83 B&B Hotel Hamburg-Altona
   nps tchoban voss, Hamburg
   Bauherr: Einhundertvierte Hanseatische Grundbesitz GmbH & Co KG

84 Kai 12 – Wohnen in der HafenCity
   nps tchoban voss, Hamburg
   Bauherr: Baugemeinschaft Kai 12 GbR c/o Buergerbau AG, Freiburg

85 S11 – Bürogebäude
   J. MAYER H. Architekten, Berlin
   Bauherr: Cogiton Projekt Altstadt GmbH, Hamburg

86 Wohnhaus in Hamburg
   Lohmann Architekten BDA, Rotenburg / Wümme
   Bauherr: Thomas Grüter, Hamburg

87 Johannes-Dalmann-Haus
   Schenk + Waiblinger Architekten, Hamburg
   Bauherr: Deutsche Immobilien AG, Hamburg

88 Domstraße 18
   Schenk + Waiblinger Architekten, Hamburg
   Bauherr: Quantum Immobilien AG, Hamburg

89 IBA DOCK
   Prof. Han Slawik Architekt, Hannover / Amsterdam
   Bauherr: Internationale Bauausstellung, IBA Hamburg GmbH, Hamburg
   Bauherrenvertretung: ReGe Hamburg, Projektrealisierungsgesellschaft mbH, Hamburg

90 Kontorhaus Hopfenburg
   spine architects GmbH, Hamburg
   Bauherr: Cogiton Projekt Hopfenburg GmbH, Hamburg

91 WB57_Neubau Bürogebäude
   gnosa architekten, Hamburg
   Bauherr: ROBERT VOGEL GmbH & Co KG, Hamburg

92　UKE Hörsaalzentrum – Studieren im Park
LRW Loosen, Rüschoff + Winkler Architekten und Stadtplaner, Hamburg
Bauherr: Universitätsklinikum Hamburg-Eppendorf – UKE Projekt Masterplan, Hamburg

93　Park Lane – Hamburg-Winterhude
Carsten Lorenzen APS, Kopenhagen
Bauherr: Stadtpark 1.3, 1.4 SCS vertreten durch Triple iii Projektentwicklung GmbH & Co. KG, Hamburg

94　Behördenzentrum Wandsbek und Polizeiwache PK 37
Prof. Bernhard Winking Architekten BDA, Hamburg
Bauherr: DEFO, Deutsche Fonds für Immobilien, Frankfurt a. M.

95　JohannisContor
KBNK Architekten GmbH, Hamburg
Bauherr: Tecno Beteiligungs GmbH, Hamburg

96　Metamorph
KBNK Architekten GmbH, Hamburg
Bauherr: Baugenossenschaft Fluwog-Nordmark eG, Hamburg

97　St. Petri Gemeindezentrum mit Kindertagesstätte und Kircheneinbauten
Akyol Kamps Architekten BDA, Hamburg
Bauherr: Ev.-luth. Gemeinde der Hauptkirche St. Petri, Hamburg

98　Bürogebäude Brandstwiete 46
Akyol Kamps Architekten BDA, Hamburg
Bauherr: Projektgesellschaft Brandstwiete 46 GmbH & Co. KG vertreten durch Urban Space Immobilienprojektentwicklung GmbH, Hamburg

99　Ev.-Luth. Christuskirche Eimsbüttel
Stölken Schmidt Architekten BDA, Hamburg
Bauherr: Ev.-Luth. Kirchengemeinde Eimsbüttel, Hamburg

100　Unternehmenszentrale des Germanischen Lloyd
gmp – Architekten von Gerkan, Marg und Partner, Hamburg
Bauherr: St. Annen Platz GmbH & CO. KG c/o Quantum Immobilien AG, Hamburg

101　Kontorhaus am Alstertor 9
Florian Fischötter Architekt, Hamburg
Bauherr: Norddeutsche Grundvermögen Bau- und Entwicklungsgesellschaft mbH & Co. KG, Hamburg

102　Brahms Kontor
Kleffel Papay Warncke Architekten Partnerschaft, Hamburg
(bis 2005: Kleffel Köhnholdt Papay Warncke Architekten Partnerschaft)
Bauherr: Grundstücksverwaltung Karl-Muck-Platz GmbH & Co. KG, Berlin

103　Bornhold-Haus
Kitzmann Architekten, Hamburg
Bauherr: Newport GmbH, Hamburg

104　DESY Experimentierhalle Petra III
Dinse Feest Zurl Architekten, Hamburg
Bauherr: Deutsches Elektronen-Synchrotron DESY, Hamburg

105　Bürohaus Alstertor
Dinse Feest Zurl Architekten, Hamburg
Bauherr: Union Investment Real Estate GmbH, Hamburg

(Reihenfolge nach Eingangsnummern)

Bauaufgabe: Neubau eines Büro- und Geschäftshauses bei Erhalt der historischen Fassade
Standort: Große Bleichen 34, 20354 Hamburg-Neustadt
Bauherr: Famos Immobilien GmbH, Korschenbroich
Projektteam: Catrin Braendle (Ltg.), Cornelia Kalmlage, Kristoph Nowak, Sebastian Gäbler
Ausführungsplanung: Hartmann Architekten, Mönchengladbach
Tragwerksplanung: Wetzel & von Seht, Hamburg
Prüfstatiker: Dr.-Ing. Jörg Kobarg, Hamburg
Techn. Gebäudeausrüstung: Marxen & Schmöckel
Fassadentechnik: Prof. Michael Lange, Hamburg
Translozierung der historischen Fassade: Bennert GmbH, Hopfgarten
Brandschutz: HHP Nord / Ost, Braunschweig
Konstruktion / Material: Stahlbetonbau auf Flachgründung; Bauteile: Stahlbeton; Materialien: Stahlbeton, Stahl-Glas-Fassade als Pfosten-Riegel-Konstruktion, Straßenfront als Doppelfassade
Baufertigstellung: 03/2010

Büro- und Geschäftshaus Große Bleichen 34

links: Fassadenansicht; rechts: Straßenraumperspektive. Fotos: Klaus Frahm, Hamburg

Würdigung   André Poitiers Architekt Stadtplaner RIBA, Hamburg

Bauaufgabe: Neubau eines Verwaltungsgebäudes mit Sende- und Produktionsbereichen
Standort: Rothenbaumchaussee 132-134, 20149 Hamburg-Rotherbaum
Bauherr: NDR Norddeutscher Rundfunk Gebäudeplanung, Hamburg
Projektsteuerung: Salzhuber + Frühling GmbH, Hamburg
Statik: ISP-Dipl.-Ing. Jürgen Schulz + Partner, Beratender Ingenieur VBI, Hamburg
TGA: Ingenieurgesellschaft Ridder und Meyn mbH, Hamburg
Lichtplanung: Peter Andres Beratende Ingenieure für Lichtplanung, Hamburg
Außenanlagen: Zemke Garten- und Landschaftsarchitekten, Hamburg, Prof. Gustav Lange, Anker
Konstruktion / Material: Stahlbetonskelettbau mit Stahlbetonflachdecken, Aluminium-Pfosten-Fassade mit raumhoher Verglasung (Büros) bzw. Schallschutz-Doppelfassade (Studios)
Baufertigstellung: 11/2008

Neubau NDR Hörfunk 2. BA

oben: Eingangsfassade, Foto: Werner Huthmacher, Berlin;
unten: Bürofassade, Foto: Martin Wolter, NDR Hamburg

Würdigung **Schweger Associated Architects, Hamburg**

Bauaufgabe: Umnutzung eines ehemals durch den Zoll genutzten Büro- und Abfertigungsgebäudes zu einer Versammlungsstätte mit angeschlossenen Büroflächen
Standort: Alter Wandrahm 19-20,
20457 Hamburg-Speicherstadt
Bauherr: Hamburger Hafen und Logistik AG, Hamburg
Ausführungsplanung / Bauleitung:
Kramer Biwer Mau Architekten, Hamburg
Generalunternehmer: Otto Wulff Bauunternehmung GmbH & Co. KG, Hamburg
Schadstoffkataster: Warting Nord GmbH, Hamburg
Brandschutz: Ingenieurbüro T. Wackermann GbR, Hamburg
Konstruktion / Material: Sanierung mittels Massivbauweise, Stahlbau
Baufertigstellung: 03/2009

Revitalisierung ehemaliges Zollgebäude 3

oben: Gebäudeansicht Nordfassade; unten: Galerie Obergeschoss.
Fotos: Nord Event GmbH, Hamburg

Würdigung Peter Modlich HHLA, Hamburg und Thomas Mau, Kramer Biwer Mau Architekten, Hamburg

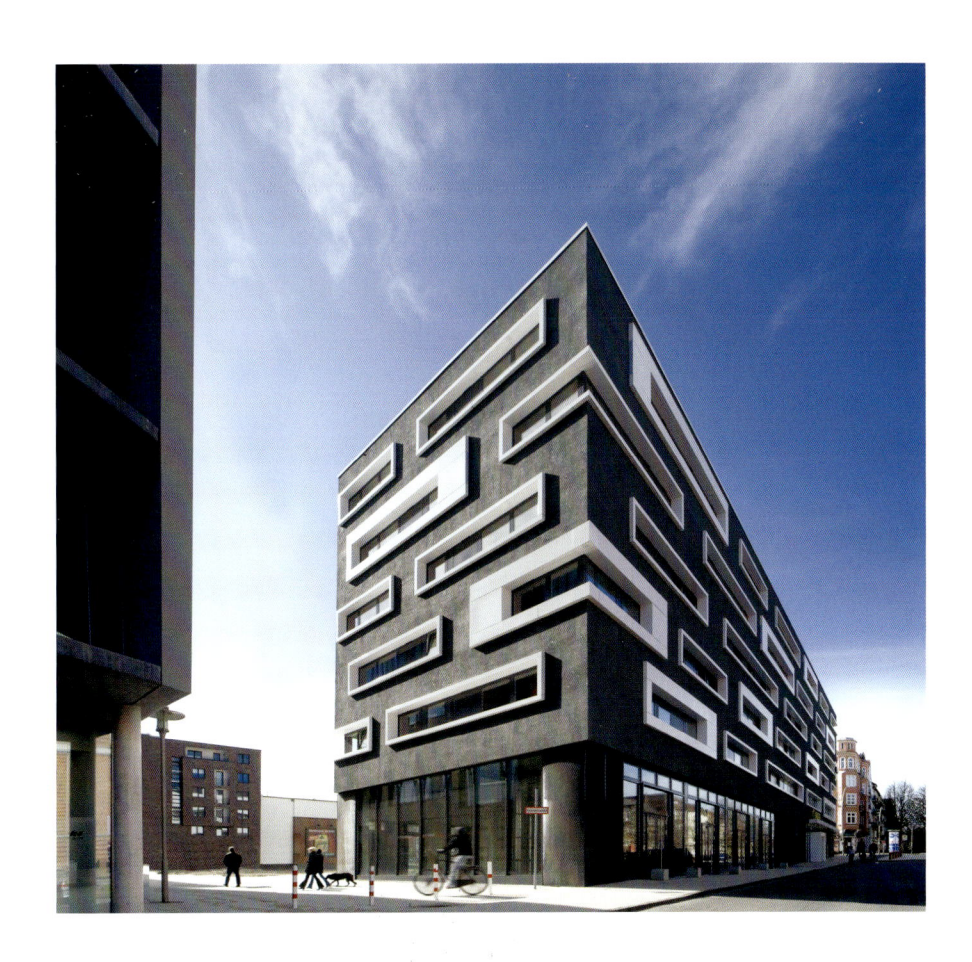

Bauaufgabe: Neubau eines Zweisternehotels
Standort: Stresemannstraße 318,
22761 Hamburg-Altona
Bauherr: Einhundertvierte Hanseatische Grundbesitz GmbH & Co KG
Statik: LHT Lichtenau Himburg Tebarth, Berlin
Haustechnik: Ingenieurgesellschaft W33 mbH, Berlin
Brandschutz: Ökotec Sachverständige, Schwalmtal
Innenarchitektur: Designer's House, Frankfurt a. M.
Konstruktion / Material: Stahlbetonskelettkonstruktion / Schottenbauweise; Putzfassade mit eingestreuten Silikat-Granulaten, rahmenartig eingefasste Aluminium-Verbundfenster, P-R-Elemente
Baufertigstellung: 01/2009

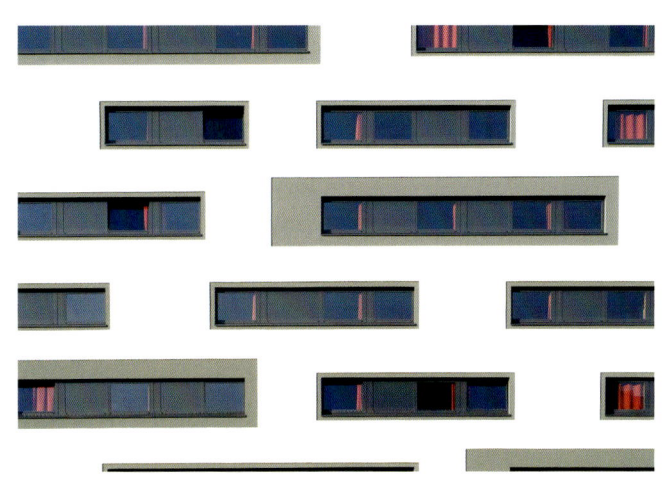

B&B Hotel Hamburg-Altona

oben: Blick von Osten auf das Hotel; unten: Fassade der Hofseite.
Fotos: Anke Müllerklein, Hamburg

Würdigung   nps tchoban voss, Hamburg

Bauaufgabe: Wohnungsneubau mit 20 frei finanzierten Eigentumswohnungen und zwei Gewerbeeinheiten im Erdgeschoss
Standort: Am Kaiserkai 30, 20457 Hamburg-HafenCity
Bauherr: Baugemeinschaft Kai 12 GbR c/o Buergerbau AG, Freiburg
Tragwerk: Wetzel & von Seht Ingenieurbüro für Bauwesen, Hamburg
Landschaft: St raum a, Berlin
Projektleitung: Buergerbau AG / Hochtief Construction AG
Konstruktion / Material: Fassade: Stahlbeton, Holz-Alu-Verbundfenster mit integriertem Sonnenschutz, Verblendstein Petersen Tegl D71 Kohle-Brand, (Prodema-)Verbundwerkstoffplatten mit Echtholzfunier
Baufertigstellung: 11/2008

Kai 12 – Wohnen in der HafenCity

links: Grundriss OG; rechts: Blick von der Wasserseite aus Westen.
Foto: npstv, Hamburg

Würdigung   nps tchoban voss, Hamburg

Bauaufgabe: Neubau eines Bürogebäudes
Standort: Steckelhörn 11, 20457 Hamburg-Altstadt
Bauherr: Cogiton Projekt Altstadt GmbH, Hamburg
Projektteam: Jürgen Mayer H., Hans Schneider, Wilko Hoffmann, Marcus Blum
Vor-Ort-Architekt: Imhotep, Donachie und Blomeyer mit Dirk Reinisch, Berlin
Tragwerksplanung: WTM Engineers, Hamburg
Haustechnik: Energiehaus mit Sineplan, Hamburg
Modell: Werk5, Berlin
Material: Fassade: vorgehängte Keramik-Glas-Aluminium-Fassade; innen: Stahlbeton, verputzt, Trockenbau
Fertigstellung: 10/2009

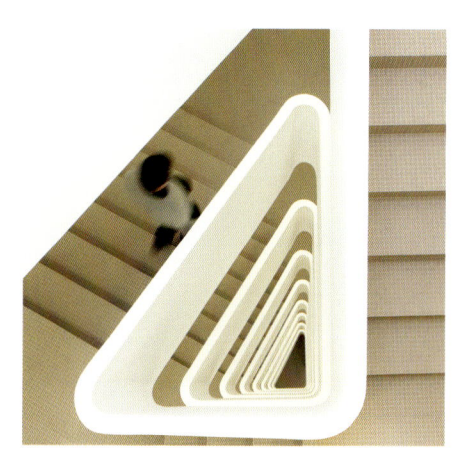

S11 – Bürogebäude

oben: Ansicht Steckelhörn; unten: Treppenauge. Fotos: David Franck, Ostfildern

Würdigung   J. MAYER H. Architekten, Berlin

Bauaufgabe: Neubau eines repräsentativen privaten Wohnhauses mit Schwimmbad
Standort: Oldenfelder Straße 38 a, 22143 Hamburg-Rahlstedt
Bauherr: Thomas Grüter, Hamburg
Statik / Bauleitung: Hinnerk Franz Architekt + Beratender Ingenieur, Hamburg
Konstruktionsart: Keller: WU-Beton; Wände: KS-Mauerwerk; Dach / Decken: Stahlbeton
Material: Fassade: WDVS und Stahl-, Aluminiumfenster; Sichtbeton; Dachhaut: Flachdach; Dachterrassen mit Holzbelag
Haustechnik: Schwimmbadtechnik, Entfeuchtungs- und Lüftungsanlage mit Wärmerückgewinnung für Schwimmbad, Wohnraumlüftung mit Wärmerückgewinnung, Gasbrennwertheizungszentrale, Fußbodenheizung, Regenwassernutzung
Baufertigstellung: 03/2009

Wohnhaus in Hamburg

oben: Gartenansicht; unten: Innenraum. Fotos: Marco Moog, Hamburg

Würdigung   Lohmann Architekten BDA, Rotenburg/Wümme

Bauaufgabe: Neubau eines 7-geschossigen Büro- und Geschäftshauses mit 6.300 qm BGF; 1. Preis im Realisierungswettbewerb; gemeinsame Tiefgarage mit Nachbargebäude; an HafenCity Freiraumplanung angepasster Grundstücksabschluss zur Uferpromenade; Büroflächen geschossweise teilbar in 300 bis 750 qm
Standort: Kaiserkai 67-69, 20457 Hamburg-HafenCity
Bauherr: Deutsche Immobilien AG, Hamburg
Tragwerksplanung: Westphal Ingenieurgesellschaft für Bauwesen mbH, Hamburg
Generalunternehmer: Otto Wulff Bauunternehmung, Hamburg
Haustechnik: HSGP Heinze, Stockfisch, Grabis + Partner, Hamburg
Innenarchitektur Gastronomie: Büro Korb GmbH, Hamburg
Konstruktion / Material: Stahlbetonskelettbau, Alu-Glas-Fassade
Baufertigstellung: 10/2008

Johannes-Dalmann-Haus

oben: Westansicht; unten: Ansicht vom Uferkai. Fotos: Martin Kunze, Hamburg

Würdigung Schenk + Waiblinger Architekten, Hamburg

Bauaufgabe: Neubau eines 12-geschossigen Büro- und Geschäftshauses mit 9.500 qm BGF mit Tiefgarage (ca. 38 Stellplätze), in bis zu drei Einheiten aufteilbaren Verkaufsflächen im EG, repräsentativer Eingangslobby für die Bürobereiche, Büroflächen geschossweise in je zwei Einheiten teilbar in Größen von 300 bis 650 qm
Standort: Domstraße 18, 20095 Hamburg-Altstadt
Bauherr: Quantum Immobilien AG, Hamburg
Tragwerksplanung / Brandschutz: dbn Planungsgruppe Dröge Baade Nagaraj, Salzgitter
Haustechnik: energie & technik Ingenieurdienstleistungen, Sittensen
Freiraumplanung: Lichtenstein Landschaftsarchitekten, Hamburg
Generalunternehmer: Hochtief Construction AG, Hamburg
Konstruktion / Material: Stahlbetonskelettbau, Lochfassade mit hochformatigen Fensterelementen und Klinker-Sichtmauerwerk
Baufertigstellung: 01/2009

links: Ansicht von Süden; rechts: Westfassade. Fotos: Martin Kunze, Hamburg

Domstraße 18

Würdigung   Schenk + Waiblinger Architekten, Hamburg

Bauaufgabe: Neubau eines schwimmenden Ausstellungs- und Bürogebäudes mit einer BGF von 1.835 qm; Abmessung Gebäude: 33,5 m x 18,00 m x 9,80 m Höhe ohne Aufbauten; Baukosten 8.000.000 Euro
Liegeplatz: Am Zollhafen 12, 20539 Hamburg-Veddel
Bauherr: Internationale Bauausstellung, IBA Hamburg GmbH, Hamburg
Bauherrenvertretung: ReGe Hamburg, Projektrealisierungsgesellschaft mbH, Hamburg
Ausführungsplanung: bof architekten, Hamburg
Bauleitung: Höhler & Partner, Hamburg
Energiekonzept und -technik: Immosolar GmbH, Langen
Planung Tragwerk und Wasserbau: IMS Ingenieursgesellschaft, Hamburg
Haustechnik: Ingenieurbüro Bernd Herkommer, Hamburg
Konstruktion / Material: Ponton: Stahlbeton; Gebäude: tragende Stahlrahmenmodule mit nicht tragenden Füllungen (Decke, Wände und Böden); vorgesetzte gedämmte Fassade aus Faserzementpaneelen
Fertigstellung: 01/2010

IBA DOCK

oben: Außenraum; Foto: Rüdiger Mosler, im Auftrag der Kleusberg GmbH & Co KG, Wissen; unten: Innenraum, Foto: IBA Hamburg GmbH (Johannes Arlt), Hamburg

Würdigung   **Prof. Han Slawik Architekt, Hannover / Amsterdam**

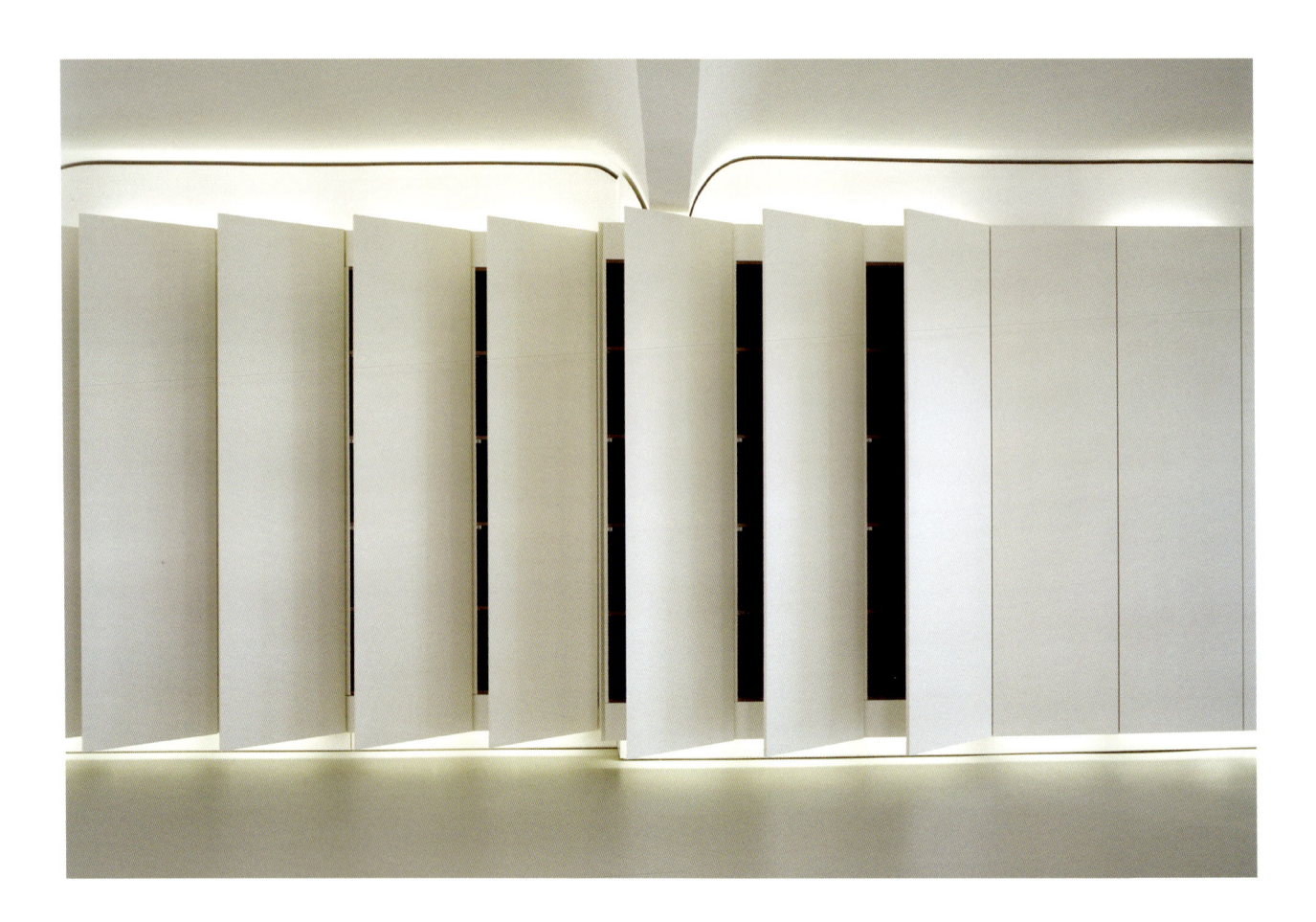

Bauaufgabe: Umbau und Sanierung eines historischen Kontorhauses zu modernen Bürowelten
Standort: Hopfensack 19, 20457 Hamburg-Altstadt
Bauherr: Cogiton Projekt Hopfenburg GmbH, Hamburg
Statik: WTM Engineers GmbH, Hamburg
Haustechnik: Energiehaus Ingenieure, Hamburg
Brandschutz: HAHN Consult, Hamburg
Akustik: ISS Institut für Schall- und Schwingungstechnik, Hamburg
Konstruktion / Material: Bauen im Bestand: Tischleranfertigungen (Raumgeometrien und Einbaumöbel), PU-Beschichtungen (Boden), HI-MACS (Waschtische)
Baufertigstellung: 05/2009

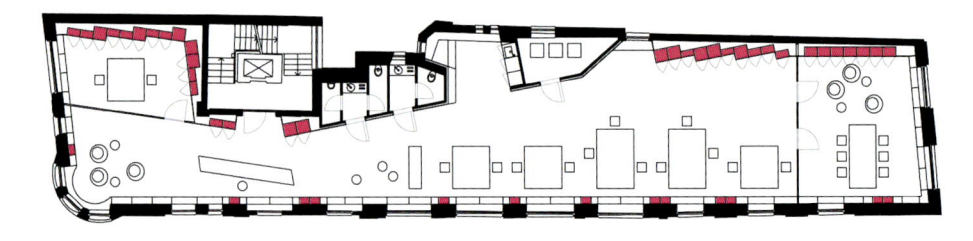

Kontorhaus Hopfenburg

oben: Einbaumöbel; unten: Grundriss Regelgeschoss. Foto: Oliver Heissner, Hamburg

Würdigung   **spine architects GmbH, Hamburg**

Bauaufgabe: Neubau eines 7-geschossigen Bürogebäudes mit 5.600 qm BGF
Standort: Willy-Brand-Straße 57, 20457 Hamburg-Neustadt
Bauherr: ROBERT VOGEL GmbH & Co KG, Hamburg
Statik: Ingenieurbüro Dr. Binnewies, Hamburg
Haustechnik: WINTER Beratende Ingenieure für Gebäudetechnik GmbH, Hamburg
Brandschutz: Ingenieurbüro T. Wackermann, Hamburg
Fassadenplanung / Bauphysik: DS-Plan Ingenieurgesellschaft für Generalfachplanung mbH, Stuttgart
Schallschutz: Taubert und Ruhe GmbH Beratungsbüro für Akustik, Halstenbek
Fördertechnik: Lüsebrink Ingenieure VBI Ingenieurbüro für Fördertechnik, Hamburg
Material: Stahlbeton, Glas, Aluminium
Baufertigstellung: 03/2010

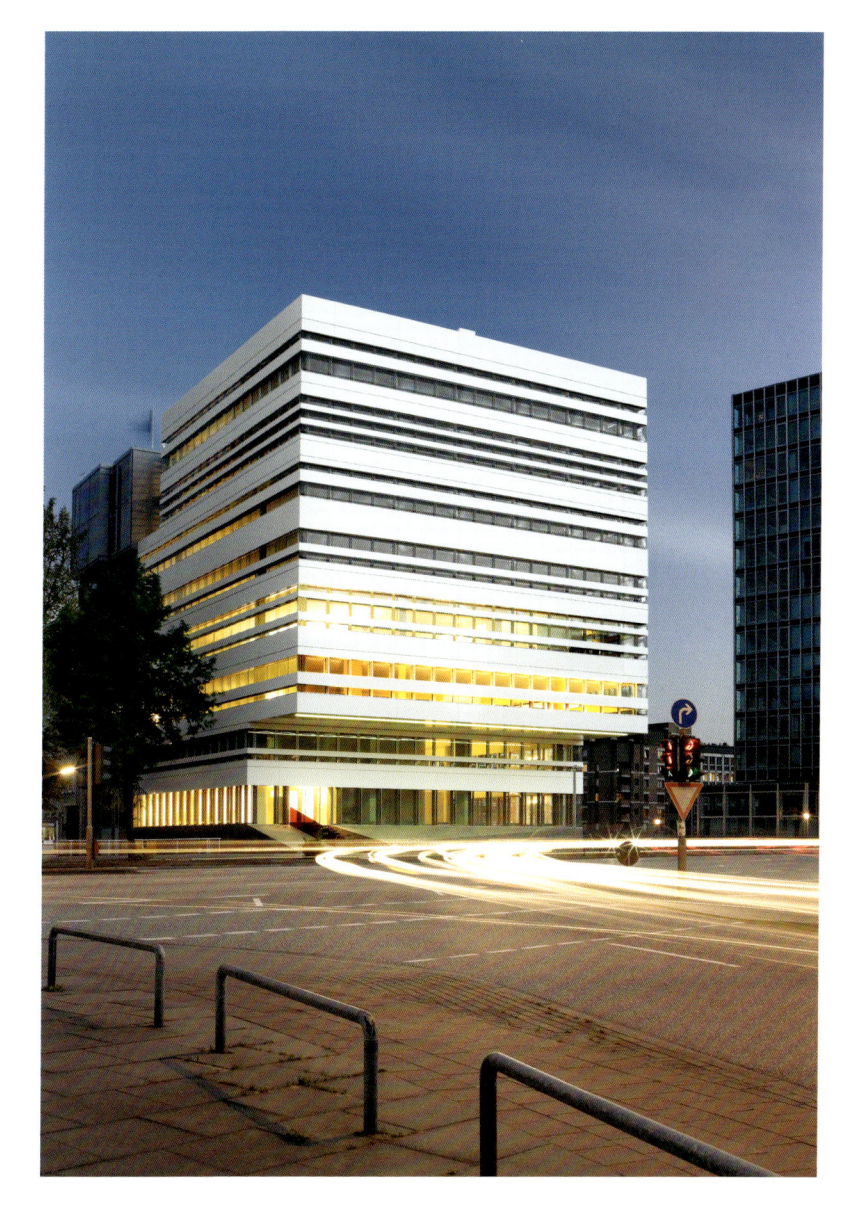

WB57_Neubau Bürogebäude

links: Lobby; rechts: Ansicht Domstraße. Fotos: Martin Schlüter, Hamburg

Würdigung gnosa architekten, Hamburg

Bauaufgabe: 2004 erarbeitete LRW für das gesamte Krankenhausareal einen neuen Masterplan, das „Konzentrationsmodell", mit dem Ziel, das UKE-Gelände bis 2012 räumlich komplett neu zu strukturieren. 2006 gewann LRW den hochbaulichen Realisierungswettbewerb für den Neubau eines Hörsaalzentrums mit 7.600 qm BGF, einem Hörsaal für 440 Plätze, 52 Seminarräumen und einem Dekanat.
Standort: Hörsaalzentrum Universitätskrankenhaus Eppendorf, Martinistraße 52, 20246 Hamburg-Eppendorf
Bauherr: Universitätsklinikum Hamburg-Eppendorf – UKE Projekt Masterplan, Hamburg
Statik: Ingenieurbüro Dr. Binnewies, Hamburg
TGA: Winter Ingenieure Beratende Ingenieure für Gebäudetechnik GmbH, Hamburg
Brandschutzgutachter: HHP Nord/Ost Beratende Ingenieure GmbH, Braunschweig
Funktionale Leistungsbeschreibung, Raumbuch,
Unterstützung Vergabe: Ernst2 Architekten, Stuttgart
Generalunternehmer ab LP 5: BAM Deutschland AG, Stuttgart
Konstruktion / Material: Massivbauweise, Außenwände und tragende Wände Stahlbeton, Außenhaut Verblend, Innenwände Stahlbeton und Leichtbauwände, Bauteildämmung gem. ENEV, Flachdach mit Bekiesung, Dachterrasse, Alu-Blockfenster, Pfosten-Riegel-Fassade mit Lamellenfenstern im EG und 1. OG, aufgesattelte Stahlwangentreppe mit Holzstufen in Treppenhalle
Baufertigstellung: 12/2008

UKE Hörsaalzentrum – Studieren im Park

links: Hörsaal; rechts: Eingangssituation von Süden / Südwesten. Fotos: Klaus Frahm, Hamburg

Würdigung LRW Loosen, Rüschoff + Winkler Architekten und Stadtplaner, Hamburg

Bauaufgabe: Errichtung von 93 Eigentumswohnungen, einer Gewerbeeinheit und einer Tiefgarage
Standort: Alter Güterbahnhof 11, 22303 Hamburg-Winterhude
Bauherr: Stadtpark 1.3, 1.4 SCS vertreten durch Triple iii Projektentwicklung GmbH & Co. KG, Hamburg
Projektteam: Jens Gierga, Kristina Ioveva, Alexandra Lorenz, Aline Wagner, Johannes Wiencke
Tragwerk: Rossig, Schenk & Partner Architekten & Ingenieure, Plauen
Konstruktion / Material: Konventionelle Bauweise (Mauerwerk / Stahlbeton); Fassade: Ziegelverblendmauerwerk Petersen Tegl D99, D49, D76, Holzfenster
Baufertigstellung: 05/2010

Park Lane – Hamburg-Winterhude

oben: Haus am Platz; unten: Haus zum Stadtpark. Fotos: Lorenzen APS, Kopenhagen

Würdigung   Carsten Lorenzen APS, Kopenhagen

Bauaufgabe: Neubau eines Behördenzentrums mit Bürgersaal und Polizeikommissariat
Standort: Am Alten Posthaus 4 / Schlossgarten 9, 22041 Hamburg-Wandsbek
Bauherr: DEFO, Deutsche Fonds für Immobilien, Frankfurt a. M.
Projektteam: Malte Kniemeyer-Bonnet, Andreas Kruse, Annette Romahn, Barbara Voigt, Stefan Waselowsky
Haustechnik: Petersen-Ingenieure GmbH, Flensburg
Tragwerksplanung: WK Consult Hamburg, Hamburg
Brandschutz: HHP Nord-Ost, Hamburg
Konstruktion / Material: Stahlbeton, Vormauerschale, Alufenster
Baufertigstellung: 02/2009

Behördenzentrum Wandsbek und Polizeiwache PK 37

Würdigung   Prof. Bernhard Winking Architekten BDA, Hamburg

links: Blick von der Straße Am Alten Posthaus auf das Polizeikommissariat; rechts: Blick vom Innenhof auf den markanten Gebäudekopf mit Bürgersaal im 4. und 5. OG.
Fotos: Tobias Wille, Berlin

Bauaufgabe: Neubau eines Büro- und Geschäftshauses bei Erhalt der historischen Fassade
Standort: Große Johannisstraße 19, 22457 Hamburg-Altstadt
Bauherr: Tecno Beteiligungs GmbH, Hamburg
Statik: Wetzel & von Seht, Ingenieurbüro für Bauwesen, Hamburg
Haustechnik: Ingenieursgesellschaft Ridder und Meyn mbH, Hamburg
Brandschutz: Ingenieurbüro Wackermann, Hamburg
Konstruktion / Material: Stahlbeton; Historische Fassade: Putz, glasierte Klinker, Pfosten-Riegel-Konstruktion, Fassade Aufstockung: Naturstein, Glasfassade
Baufertigstellung: 09/2009

JohannisContor

links: Erhalt der historischen Fassade; Foto: Marcus Bredt, Berlin;
rechts: Blick auf das JohannisContor vom Adolphsplatz; Foto: Markus Dorfmüller, Hamburg

Würdigung KBNK Architekten GmbH, Hamburg

Bauaufgabe: Energetisch optimierte Gebäude-
sanierung eines genossenschaftlichen Wohngebäudes
mit 54 Wohneinheiten auf 9 Geschossen
Standort: Oberaltenallee 72, 22081 Hamburg-Eilbek
Bauherr: Baugenossenschaft Fluwog-Nordmark eG,
Hamburg
Statik: Ingenieurbüro HKS, Hamburg
Energieberatung: Pilsinger Solare Architektur, Hamburg
Haustechnik: Ingenieurbüro Reese, Hamburg
Konstruktion / Material: Wärmedämmverbundsystem
in unterschiedlichen Stärken; Holzfenster mit Dreh-
Kipp-Öffnungsflügeln; neue Verglasung: Ug-Wert des
gesamten Fensters 1.1 W/qmK; thermisch getrennte
Loggien als Fertigteile; massive Brüstungsgeländer
und Lochblechgeländer
Fertigstellung: 05/2010

Metamorph

oben: Südfassade 2010; Foto: Achim van Gerven photography, Hamburg; unten: Südfassade 1963, Fotograf unbekannt

Würdigung   KBNK Architekten GmbH, Hamburg

Bauaufgaben: a) Neubau eines 4-geschossigen Gemeindezentrums mit Beratungszentrum, Küsterwohnung und Gemeindesaal sowie einer Kindertagesstätte; b) Neubau eines Pastorats als 2-geschossiger Einbau in das Südschiff der St. Petri Kirche
Standort: a) Gemeindezentrum: Bei der Petrikirche 3, 20095 Hamburg-Innenstadt; b) Kircheneinbauten: Bei der Petrikirche 2, 20095 Hamburg-Innenstadt
Bauherr: Ev.-luth. Gemeinde der Hauptkirche St. Petri, Hamburg
Projektentwicklung: Norddeutsche Grundvermögen, Bau- und Entwicklungsgesellschaft mbH & Co. KG, Hamburg
Generalübernehmer: St. Petri Hof Immobilien-Verwaltungsges. mbH & Co. KG, Hamburg, vertreten durch die Norddeutsche Grundvermögen
Tragwerksplanung: Ingenieurbüro Dr. Binnewies, Hamburg
Planung Haustechnik: Heinze Stockfisch Grabis + Partner GmbH, Hamburg
Konstruktion/Material: Gemeindehaus: Massivbau mit Klinkerfassade; Kircheneinbauten: Stahlbau, Structural Glazing
Baufertigstellung: a) 03/2009; b) 02/2009

St. Petri Gemeindezentrum mit Kindertagesstätte und Kircheneinbauten

Würdigung   **Akyol Kamps Architekten BDA, Hamburg**

links: Gemeindezentrum mit Blick vom Kirchenplatz; rechts: Fassade Kircheneinbauten. Fotos: Klaus Frahm, Hamburg

Bauaufgabe: Sanierung und Umbau eines bestehenden Bürogebäudes sowie Neubau eines Dachgeschosses
Standort: Brandstwiete 46, 20457 Hamburg-Altstadt
Bauherr: Projektgesellschaft Brandstwiete 46 GmbH & Co. KG vertreten durch Urban Space Immobilienprojektentwicklung GmbH, Hamburg
Baucontrolling: Becken Baumanagement GmbH, Hamburg
Tragwerksplanung: Ingenieurbüro Dr. Binnewies, Hamburg
Planung Haustechnik: PFH Planungsbüro für Haustechnik, Barsbüttel
Konstruktion / Material: Aufstockung in Leichtbauweise als Stahlbau
Baufertigstellung: 02/2009

Bürogebäude Brandstwiete 46

links: Lobby; rechts: Hauptfassade zur Brandstwiete. Fotos: Klaus Frahm, Hamburg

Würdigung   **Akyol Kamps Architekten BDA, Hamburg**

Bauaufgabe: Umgestaltung der Ev.-Luth. Christuskirche
Standort: Bei der Christuskirche 1, 20259 Hamburg-Eimsbüttel
Bauherr: Ev.-Luth. Kirchengemeinde Eimsbüttel, Hamburg
Tragwerk: Wetzel & von Seht, Ingenieurbüro für Bauwesen, Hamburg
Haustechnik: Ing.-Büro Rainer Heimsch, Rastede
Lichtplanung: Ing.-Büro Walter Bamberger, Pfünz
Bauakustik: Ing.-Büro Manfred Keßler, Hamburg
Orgelsachverständiger: H. M. Petersen, Lübeck
Kirchenfenster: Glasmalerei Peters, Paderborn
Konstruktion / Material: Kirchenbänke: Eichenholz, Filz; Emporengeländer, Altar und künstlerische Ausstattung: Schwarzstahl geölt; Kirchenfenster: Schallschutzverglasung aus zweifach monolithischem ESG, Airbrush und Handbemalung mit keramischer Schmelzfarbe auf mehrfacher Sandstrahlung
Baufertigstellung: 09/2008

Ev.-Luth. Christuskirche Eimsbüttel

oben: Blick vom Altar Richtung Orgel; unten: Triptychon südliches Querhaus.
Fotos: Prof. Christian Kandzia, Stuttgart

Würdigung   Stölken Schmidt Architekten BDA, Hamburg

Bauaufgabe: Neubau eines Bürogebäudes für eine Unternehmenszentrale
Standort: Brooktorkai 18, 20457 Hamburg-HafenCity
Bauherr: St. Annen Platz GmbH & CO. KG
c/o Quantum Immobilien AG, Hamburg
Tragwerksplanung: WTM, Hamburg
Haustechnik: Ingenieurgemeinschaft JMP, IBB, Stuttgart
Grünplanung: WES, Hamburg
Bauleitung: Bautime GmbH, Hamburg
Konstruktion / Material: Stahlbetonskelettbau; Fassade: Vormauerziegel, Glas; Beläge: Naturstein, Teppich
Baufertigstellung: 12/2009

Unternehmenszentrale des Germanischen Lloyd

oben: Ansicht von Südwest; unten: Atrium mit Blick in den Himmel.
Fotos: Heiner Leiska, Hamburg

Würdigung   **gmp – Architekten von Gerkan, Marg und Partner, Hamburg**

Bauaufgabe: Neubau eines Geschäftshauses mit Einzelhandelsnutzung mit einer Bruttogeschossfläche von ca. 5.870 qm
Standort: Alstertor 9, 20095 Hamburg-Altstadt
Bauherr: Norddeutsche Grundvermögen Bau- und Entwicklungsgesellschaft mbH & Co. KG, Hamburg
Statik: Ingenieur Büro Dr. Binnewies Ingenieurgesellschaft mbH, Hamburg
Haustechnik / Bauphysik / Brandschutz: d/b/n Planungsgruppe Dröge Baade Nagaraj, Salzgitter
Fassadenberater: Kucharzak Fassaden Engineering GbR, Berlin
Konstruktion / Material: Stahlbetonskelettkonstruktion, Aluminium-Glas-Fensterfassade, teilweise als Pfosten-Riegel- bzw. Verbundfensterkonstruktion; Oberfläche: Eloxal E6EV1 und weißmetallic
Baufertigstellung: 12/2009

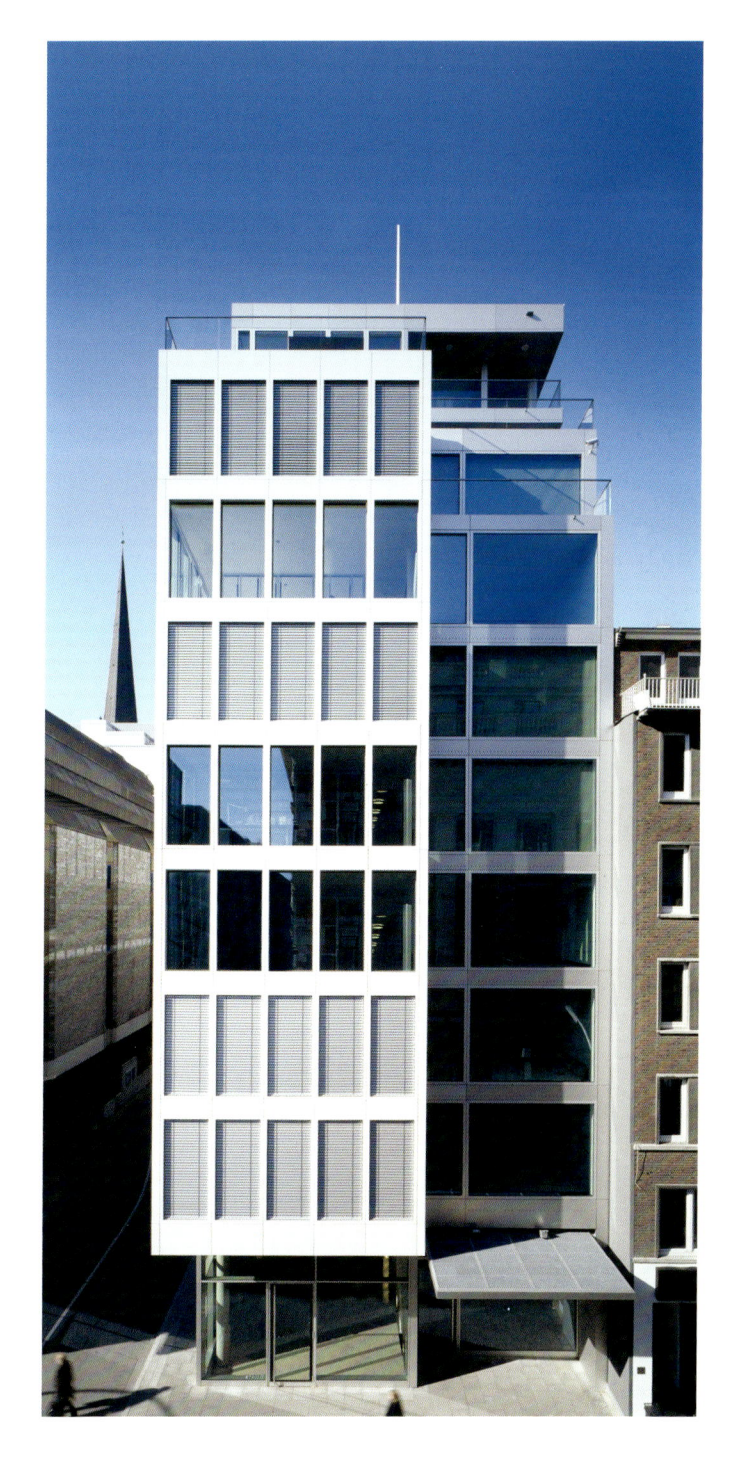

Kontorhaus am Alstertor 9

links: Blick von der Straße Raboisen; rechts: Ansicht Alstertor 9. Fotos: Klaus Frahm, Hamburg

Würdigung   **Florian Fischötter Architekt, Hamburg**

Bauaufgabe: Modernisierung und Sanierung eines Kontorhauses, das seit 1904 für den Deutschnationalen Handlungsgehilfen-Verband entstanden ist und später als DAG-Haus bekannt wurde, mit Teilneubau hinter denkmalgeschützter Fassade mit einer BGF von ca. 35.000 qm

Standort: Johannes-Brahms-Platz 1, 20355 Hamburg-Neustadt

Bauherr: Grundstücksverwaltung Karl-Muck-Platz GmbH & Co. KG, Berlin

Projektteam: H. Dietz, S. Perry, T. Ockelmann, A. Blanc, D. Dietz, U. Frenzel, J. Friedrich, J. Fuhrmann, S. Grattolf, D. Günther, M. Heitgerken, S. Kohlmann, B. Mildner, P. Modlich, A. Seemann-Odefey, O. Oellrich, T. Wahner, K. Wiedemann-Arndt, N. Willms, B. Zimmermann

Tragwerksplanung: Ingenieurbüro Dr. Binnewies, Hamburg

TGA-Planung: Ingenieurbüro Otto, Hamburg

Bodengrundgutachter: BBI Institut für Geo- und Umwelttechnik, Hamburg

Freiraumplanung: Dipl.-Ing. Stefan Haan, Berlin

Schallschutzplanung: Taubert und Ruhe, Hamburg

Brandschutzplanung: HHP, Braunschweig

Fassadengutachter: BIHH Bau-Institut-Hamburg-Harburg

Lichtplanung: Peter Andres, Hamburg

Restaurator: Restauratorenteam Bödekker & Schlichting, Hamburg

Schadstoffgutachter: AB – Dr. A. Berg, Hamburg

Fördertechnik: Hundt & Partner, Hannover

Verkehrsplanung: Masuch + Olbrisch, Hamburg

Konstruktion / Material: Stahlbau, Stahlbeton; Fassade: Klinker, Glas, Aluminium, Holz, Baubronze, Kupfer

Baufertigstellung: 07/2008

oben: Ansicht Johannes-Brahms-Platz; unten: Hofansicht.
Fotos: Oliver Heissner, Hamburg

Brahms Kontor

Würdigung   **Kleffel Papay Warncke Architekten Partnerschaft, Hamburg**
(bis 2005: Kleffel Köhnholdt Papay Warncke Architekten Partnerschaft)

Bauaufgabe: Neubau eines Büro- und Geschäftshauses
Standort: Neuer Wall 80, 20345 Hamburg-Neustadt
Bauherr: Newport GmbH, Hamburg
Projektteam: Claus Schlomsky, Birte Braun, Manfred Zibuschka; Projektleitung: Michael Kitzmann
Statik: Weber Poll Ingenieure, Hamburg
Gebäudetechnik: Planungsbüro für Haustechnik, Norderstedt
Konstruktion / Material: Stahlbetonskelettkonstruktion mit Flachdecken, Gründung auf Großbohrpfählen; Vorhangfassade aus portugiesischem Kalkstein, Fenster, Türen und Metalloberflächen aus echter Baubronze; Fußboden: Naturstein; Wände: Eichenholzverkleidung und Feinputz; Decken: abgehängte Systemdecke aus gelochtem Aluminium; Innentüren: Eichenholz, Beschläge Sonderanfertigungen aus Baubronze; Fenster: innen Eichenholz, außen Baubronze
Baufertigstellung: 12/2008

Bornhold-Haus

links: Straßenansicht – Aufnahme des neuen Bornholdhauses im Umfeld der Bestandsgebäude des Neuen Wall; Foto: Daniel Sumesgutner, Hamburg;
rechts: Staffelgeschoss des Büros mit Außenbereich und Blick in den Neuen Wall; Foto: JHP Media Jan Haeselich Photography, Hamburg

Würdigung   Kitzmann Architekten, Hamburg

Bauaufgabe: Fassadengestaltung
Standort: Notkestraße 85, 22607 Hamburg-Bahrenfeld
Bauherr: Deutsches Elektronen-Synchrotron DESY, Hamburg
Tragwerksplanung: GuD CONSULT GmbH, Berlin
Gebäudetechnik: IWP Ingenieure Wiechers Partner, Hamburg
Brandschutz: HIB – Hanseatische Ingenieurgesellschaft für Brandschutz, Hamburg
Außenanlagen: Büro Claussen-Seggelke, Hamburg
Konstruktion / Material: Fassadenpaneele aus pulverbeschichtetem Aluminiumblech, gekantet im Sägezahnprofil mit verschiedenfarbig lackierten Untersichten
Baufertigstellung: 04/2008

DESY Experimentierhalle Petra III

Fassadengestaltung DESY Experimentierhalle Petra III. Fotos: Hagen Stier, Hamburg

Würdigung   **Dinse Feest Zurl Architekten, Hamburg**

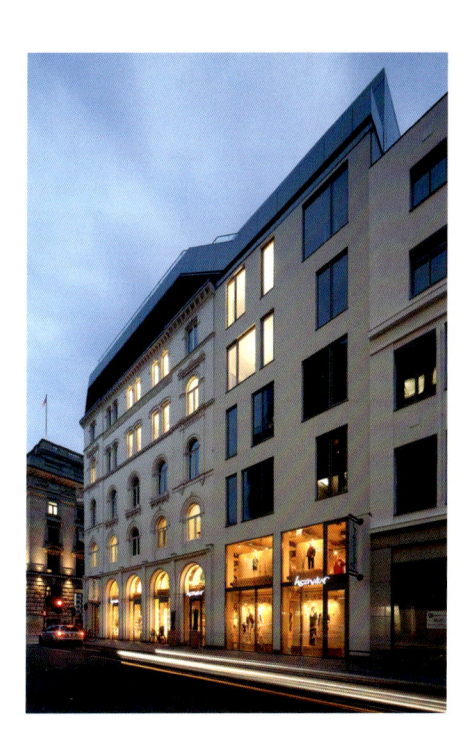

Bauaufgabe: Aufstockung, Erweiterung und Sanierung eines denkmalgeschützten Bürogebäudes
Standort: Alstertor 17, 20095 Hamburg-Altstadt
Bauherr: Union Investment Real Estate GmbH, Hamburg
Tragwerksplanung: Ingenieurbüro Dr. Binnewies, Hamburg
Gebäudetechnik: KLIMAhaus, Klima- und Gebäudetechnik GmbH, Hamburg
Konstruktion / Material: Aufstockung: Stahlkonstruktion, Pfosten-Riegel-Verglasung und Aluminiumpaneele
Baufertigstellung: 01/2008

Bürohaus Alstertor

Bürohaus Alstertor. Fotos: Daniel Sumesgutner, Hamburg

Würdigung Dinse Feest Zurl Architekten, Hamburg

Adressverzeichnis

A

97, 98 Akyol Kamps Architekten BDA
Schaarsteinwegsbrücke 2
D-20459 Hamburg
Tel.: +49 (0)40 / 226 226 4-0
Fax: +49 (0)40 / 226 226 4-10
office@akyol-kamps.de
www.akyol-kamps.de

B

16 Behnisch Architekten
Rotebühlstraße 163A
D-70197 Stuttgart
Tel.: +49 (0)711 / 607 72-0
Fax: +49 (0)711 / 607 72-99
ba@behnisch.com
www.behnisch.com

36 Böge Lindner Architekten
Brooktorkai 15
D-20457 Hamburg
Tel.: +49 (0)40 / 32 50 66-0
Fax: +49 (0)40 / 32 50 66-66
info@boegelindner.de
www.boegelindner.de

50, 72 BRT Architekten LLP
Bothe Richter Teherani
Oberbaumbrücke 1
D-20457 Hamburg
Tel.: +49 (0)40 / 24 84 2-0
Fax: +49 (0)40 / 24 84 2-222
office@brt.de
www.brt.de

C

70 Antonio Citterio Patricia Viel
and Partners srl.
Via Cerva 4
I-20122 Milano
Tel.: +39 (0)2 / 76 38 80 1
Fax: +39 (0)2 / 76 38 80 80
info@antoniocitterioandpartners.it
www.antoniocitterioandpartners.it

D

104, 105 Dinse Feest Zurl Architekten
Klopstockstraße 23
D-22765 Hamburg
Tel.: +49 (0)40 / 86 60 01-0
Fax: +49 (0)40 / 86 60 01-44
info@dfz-hh.de
www.dfz-hh.de

F

101 Florian Fischötter Architekt GmbH
Poststraße 51
D-20354 Hamburg
Tel.: +49 (0)40 / 30 99 778-0
Fax: +49 (0)40 / 30 99 778-10
mail@ff-a.net
www.ff-a.net

G

74, 100 gmp – Architekten von Gerkan, Marg und Partner
Elbchaussee 139
D-22763 Hamburg
Tel.: +49 (0)40 / 88 151-0
Fax: +49 (0)40 / 88 151-177
hamburg-e@gmp-architekten.de
www.gmp-architekten.de

91 gnosa architekten
Kaiser-Wilhelm-Straße 89
D-20355 Hamburg
Tel.: +49 (0)40 / 450 46 23
Fax: +49 (0)40 / 450 46 24
office@gnosa-architekten.de
www.gnosa-architekten.de

H

70 HinrichsNicoloviusArchitekten
Wrangelstraße 75 b
D-20253 Hamburg
Tel.: +49 (0)40 / 42 93 78 63
Fax: +49 (0)40 / 42 93 78 33
studio@hinrichsnicolovius.de
www.hinrichsnicolovius.de

I

54 ingenhoven architects
Plange Mühle 1
D-40221 Düsseldorf
Tel.: +49 (0)211 / 301 01-01
Fax: +49 (0)211 / 301 01-31
info@ingenhovenarchitects.com
www.ingenhovenarchitects.com

K

95, 96 KBNK Architekten GmbH
Große Rainstraße 39 a
22765 Hamburg
Tel.: +49 (0)40 / 399 204-0
Fax: +49 (0)40 / 399 204-22
office@kbnk.de
www.kbnk.de

103 Kitzmann Architekten
Geibelstraße 46 a
D-22303 Hamburg
Tel.: +49 (0)40 / 480 625-0
Fax: +49 (0)40 / 480 625-25
mail@kitzmann-architekten.de
www.kitzmann-architekten.de

102 Kleffel Papay Warncke
Architekten Partnerschaft
Michaelisstraße 22
D-20459 Hamburg
Tel.: +49 (0)40 / 35 55 5-0
Fax: +49 (0)40 / 35 55 5-177
mail@kpw-architekten.de
www.kpw-architekten.de

L

86 Lohmann Architekten BDA
In der Ahe 1
D-27356 Rotenburg / Wümme
Tel.: +49 (0)4261 / 91 91-0
Fax: +49 (0)4261 / 91 91-33
info@lohmann-architekten.com
www.lohmann-architekten.com

68, Prof. Dipl. Arch.
93   Carsten Lorenzen APS
     Östersögade 22
     DK-1357 Kopenhagen K
     Tel.: +45 35 38 58 12
     Fax: +45 35 38 58 62
     info@lorenzen-aps.dk

92   LRW Architekten und Stadtplaner
     Loosen, Rüschoff + Winkler
     Klopstockplatz 9
     D-22765 Hamburg
     Tel.: +49 (0)40 / 41 35 886-0
     Fax: +49 (0)40 / 41 35 886-10
     mail@lrw-architekten.de
     www.lrw-architekten.de

M

82   Dipl.-Ing. Thomas Mau
     Kramer Biwer Mau Architekten
     Fettstraße 7 a
     D-20357 Hamburg
     Tel.: +49 (0)40 / 43 27 89-66
     Fax: +49 (0)40 / 43 27 89-68
     office@kbm-architekten

60, J. MAYER H. Architects
85   Bleibtreustraße 54
     D-10623 Berlin
     Tel.: +49 (0)30 / 644 90 77-00
     Fax: +49 (0)30 / 644 90 77-11
     contact@jmayerh.de
     www.jmayerh.de

82   Dipl.-Ing. Peter Modlich
     Hamburger Hafen und Logistik AG
     Bei St. Annen 1
     D-20457 Hamburg
     Tel.: +49 (0)40 / 30 88-3651
     Fax: +49 (0)40 / 30 88-3500
     www.hhla-immobilien.de

N

62   Nickl & Partner Architekten AG
     Lindberghstraße 19
     D-80939 München
     Tel.: +49 (0)89 / 36 05 14-0
     Fax: +49 (0)89 / 36 05 14-99
     mail@nickl-architekten.de
     www.nickl-architekten.de

83, nps tchoban voss
84   Hamburg Berlin Dresden
     Architektur und Städtebau
     Ulmenstraße 40
     D-22299 Hamburg
     Tel.: +49 (0)40 / 48 06 18-0
     Fax: +49 (0)40 / 47 00 27
     hamburg@npstv.de
     www.npstv.de

P

22   PFP Architekten BDA
     Architekturbüro Prof. Jörg Friedrich
     Jarrestraße 80
     D-22303 Hamburg
     Tel.: +49 (0)40 / 21 90 73-0
     Fax: +49 (0)40 / 21 90 73-10
     mail@pfp-architekten.de
     www.pfp-architekten.de

80   André Poitiers
     Architekt Stadtplaner RIBA
     Großer Burstah 36-38
     Burstahhof
     D-20457 Hamburg
     Tel.: +49 (0)40 / 375 198 08/9
     Fax: +49 (0)40 / 375 198 21
     office@poitiers.de

R

66   Renner Hainke Wirth
     Architekten GmbH
     Bernstorffstraße 71
     D-22767 Hamburg
     Tel.: +49 (0)40 / 43 13 52–40
     Fax: +49 (0)40 / 43 13 52–99
     office@rhwarchitekten.de
     www.rhwarchitekten.de

44   Helmut Riemann Architekten GmbH
     Am Spargelhof 2
     D-23554 Lübeck
     Tel.: +49 (0)451 / 48 42 8-0
     Fax: +49 (0)451 / 48 42 8-20
     sekretariat@riemann-luebeck.de
     www.riemann-luebeck.de

28, CARSTEN ROTH ARCHITEKT
76   Rentzelstraße 10 B
     D-20146 Hamburg
     Tel.: +49 (0)40 / 411 70 3-0
     Fax: +49 (0)40 / 411 70 3-30
     info@carstenroth.com
     www.carstenroth.com

S

87, Schenk + Waiblinger Architekten
88   Palmaille 96
     D-22767 Hamburg
     Tel.: +49 (0)40 / 85 15 85 10
     Fax: +49 (0)40 / 85 15 81 34
     architekten@schenk-waiblinger.de
     www.schenk-waiblinger.de

81   Schweger Associated Architects
     Valentinskamp 30
     D-20355 Hamburg
     Tel.: +49 (0)40 / 35 09 59-0
     Fax: +49 (0)40 / 35 09 59-95
     info@schweger-architects.eu
     www.schweger-architects.eu

89   Prof. Han Slawik Architekt
     Fischerstraße 1 A
     D-30167 Hannover
     Tel.: +49 (0)511 / 16 96-101
     mail@slawik.net
     www.slawik.net

64 Spengler · Wiescholek
    Freie Architekten Stadtplaner
    Elbchaussee 28
    D-22765 Hamburg
    Tel.: +49 (0)40 / 38 99 86-0
    Fax: +49 (0)40 / 38 99 86-33
    office@spengler-wiescholek.de
    www.spengler-wiescholek.de

90 spine architects GmbH
    Willy Brandt Straße 45
    D-20457 Hamburg
    Tel.: +49 (0)40 / 32 50 749-0
    Fax: +49 (0)40 / 32 50 749-01
    contact@spine-architects.com
    www.spine-architects.com

40 splendid_architecture
    Nina & Stephan Schmid
    Große Johannisstraße 13
    20457 Hamburg
    Tel.: +49 (0)40 / 65 79 65 7-0
    Fax: +49 (0)40 / 65 79 65 7-1
    splendid@splendid-architecture.com
    www.splendid-architecture.com

99 Stölken Schmidt Architekten BDA
    Dorotheenstraße 95
    D-22301 Hamburg
    Tel.: +49 (0)40 / 27 09 85 72
    Fax: +49 (0)40 / 27 09 85 74
    architekten@stoelkenschmidt.de
    www.stoelkenschmidt.de

W

94 Prof. Bernhard Winking
    Architekten BDA
    Brooktorkai 16
    D-20457 Hamburg
    Tel.: +49 (0)40 / 37 49 53-0
    Fax: +49 (0)40 / 37 49 53-53
    hamburg@winking.de
    www.winking.de

Über die AutorInnen

Dr. Gisela Schütte wandte sich nach dem Studium der Archäologie, Kunstgeschichte, Philosophie und anschließender Forschungstätigkeit dem Journalismus zu. Bevorzugte Themen sind Architektur, bildende Kunst, Medizin und Gesundheitswirtschaft. Neben der Arbeit für die Tageszeitung „Die WELT" schreibt sie Bücher.

Hildegard Kösters, geb. 1959 in Rüthen (Westfalen), seit 1992 wissenschaftliche Mitarbeiterin beim BDA Hamburg; Studium der Stadtplanung an der RWTH Aachen; freiberufliche journalistische Tätigkeit; Publikationen zur Stadtgeschichte, Wohnungspolitik und Hamburger Architektur. Gründungsmitglied der Gustav-Oelsner-Gesellschaft für Architektur und Städtebau.

Volker Roscher, geb. 1948 in Hamburg, seit 1986 Geschäftsführer beim BDA Hamburg; Lehraufträge an der Universität Hamburg und FH Hamburg für Architektur- und Siedlungssoziologie; diverse Publikationen zur Stadt- und Architektursoziologie, Stadtentwicklung, Stadtgeschichte und Berufsforschung. Mitherausgeber der Buchreihe Stadt · Planung · Geschichte im Birkhäuser Verlag bis 2010 und Redaktionsmitglied der wissenschaftlichen Vierteljahresschrift „Die alte Stadt", Zeitschrift für Stadtgeschichte, Stadtsoziologie und Denkmalpflege. Gründungsmitglied und Vorstand Architektur Centrum (Hamburg) – Gesellschaft für Architektur und Baukultur.

Der Bund Deutscher Architekten BDA wurde 1903 als Vereinigung freiberuflich tätiger Architekten gegründet, um Aufgaben und Inhalte der Architektur gegen inhumane Interessen und gegen den Qualitätsverlust gebauter Umwelt besser zur Geltung zu bringen. Diese Gründungsgedanken bestimmen auch heute noch ganz wesentlich die Ziele des BDA.